JN059005

エンパワメントの
理論と技術に基づく
共創型
アクションリサーチ

持続可能な
社会の実現
に向けて

安梅勅江
Tokie Anme
編著

Co-creative
Action
Research
Based on
Empowerment
Theories
and Skills

北大路書房

はじめに

　社会をよくするために身近なところで何かできないか，と感じる人たちのために本書を企画した。少子高齢化，災害，感染症拡大など社会の大きな変動の中で，流されるだけでよいのか。まして気候温暖化や資源の枯渇，貧困や社会不安など，グローバルな課題をどうするのか。よい方向に変化を起こすために何か取り組みたい。効果的な方法は何か。

　エンパワメントに基づくアクションリサーチは，社会を変える道筋の一歩一歩を着実に支える手段である。本書では，数あるアクションリサーチから，特に，共に創る**共創型アクションリサーチ**の手法に注目した。なぜなら持続可能な社会の実現は，当事者の力を引き出すエンパワメントが，もっとも大きな変革のエネルギーを生み出すからである。

　エンパワメント（湧活）とは，人びとに夢や希望を与え，勇気づけ，人が本来持っているすばらしい，生きる力を湧き出させることである。

　人は誰もが，すばらしい力を持って生まれてくる。そして生涯，すばらしい力を発揮し続けることができる。そのすばらしい力を引き出すことがエンパワメント。ちょうど清水が泉からこんこんと湧き出るように，一人ひとりに潜んでいる活力や可能性を湧き出させることが湧活である。

　保健，医療，福祉，教育，心理，行政，経営，まちづくりなどの実践では，一人ひとりが本来持っているすばらしい潜在力を湧き上がらせ，顕在化させて，活動を通して人びとの生活，社会の発展のために生かしていく。また，組織や地域などの集団では，一人ひとりに潜んでいる活力や能力を上手に引き出し，この力を人びとの成長や集団の発展を支えるエネルギーとする。これが組織，集団そして人に求められるエンパワメント（湧活）である。

　本書は，エンパワメントの理論と技術をもとにイノベーションを起こすアクションリサーチの方法を学習する入門書である。持続可能社会を目指し，さまざまな立場の人びとを巻き込み共に創る具体的な方法について実践例をもとに概説する。

　保健，医療，福祉，教育，心理，行政，経営，まちづくりなどに携わるすべての実践職，研究職，学生など，社会をより良くする仕掛けを作りたい方であれば，誰でも活用できる技である。

　さまざまな人びとの多様性を認めあい，一人ひとりが輝く社会に向け，エンパワメントとアクションリサーチの技術を活用することで，持続可能な社会の目標 SDGs の実現にもつながる。

　本書の構成は，理論編と実践編からなる。理論編では，エンパワメントとアクションリサーチの理論と基本的な技術を概説する。アクションリサーチとエンパワメントを必要とする社会の現状，アクションリサーチに活かすエンパワメントの基本，エンパワメントに基づくアクションリサーチの方法，アクションリサーチの評価，アクションリサーチのコツを述べる。

　実践編では，地域づくり，人材づくり，組織づくり，減災，認知症予防，国際的な子ども支援など，さまざまな実践におけるアクションリサーチの具体的な例をあげ，その適用法とコツについて明示する。すべての事例でエンパワメント支援設計により全体像を明示するとともに，1）アクションリサーチのストーリー，2）アクションリサーチのプロセス，3）アクションリサーチのアウトカム，4）アクションリサーチにおけるエンパワメントのコツ，の 4 つの柱を立て，比較しながら理解しやすいよう整理する。

　エンパワメントに根差したアクションリサーチ，人びとに寄り添う多様な現場から湧き出た「共創による持続可能社会づくり」へのヒント満載である。ぜひ身近なことや環境にあてはめて，活用してみてほしい。

　本書がみなさん自身のエンパワメント，そしてエンパワメント環境づくりに向け，お役に立てば幸いである。

安梅勅江

目　次

第Ⅰ部　理論編

第1章

いまなぜアクションリサーチと
エンパワメントか

1節　持続可能社会に向けた共創の必要性

　気候温暖化や資源の枯渇，貧困や社会不安など，グローバルな課題が山積している。地球のどこで生まれても，安心して豊かで幸せに生活するためにはどうしたらよいのか。世界中の人びとが知恵を出し合い，よりよい社会を作るために共にアクションを起こす必要がある。

　国連は持続可能な社会に向けて，2015 年に**持続可能な開発目標　SDGs**（Sustainable Development Goals）を採択した。加盟 193 か国が 2016 年から 2030 年の 15 年間で達成する，3 領域，17 ゴール，169 ターゲットの目標である（図 1-1）。世界中のどこでも，誰もが主役で，誰一人取り残さず，をミッションとしている。

　その実現には，コミュニティの一人ひとり，生活する当事者が主体となり，持続可能社会に向けて共に創り上げていく活動が必須である。

　本書の副題は，「持続可能な社会の実現に向けて」であるが，そのためには一人ひとりが自分の人生の主人公となり，他者との違いを楽しみながら，共に生きる共生の喜びを感じる社会を実現する手法としてアクションリサーチとエンパワメントを活用することが重要である。

　共生とは，ただ一緒に生きるという意味ではない。仏教用語では「ぐうしょう」と読み，互いを刺激しあいながら共に生きるという意味を持つ。ただし仏教用語としての共生は，一般に使う用法とは少し違う。「自分で存在すること」

持続可能な開発目標（SDGs）の詳細

 目標1［貧困］
あらゆる場所あらゆる形態の
貧困を終わらせる

 目標2［飢餓］
飢餓を終わらせ、食料安全保障
及び栄養の改善を実現し、
持続可能な農業を促進する

 目標3［保健］
あらゆる年齢のすべての人々の
健康的な生活を確保し、福祉を促進する

 目標4［教育］
すべての人に包摂的かつ公正な質の高い
教育を確保し、生涯学習の機会を促進する

 目標5［ジェンダー］
ジェンダー平等を達成し、
すべての女性及び女児の
エンパワーメントを行う

 目標6［水・衛生］
すべての人々の水と衛生の利用可能性と
持続可能な管理を確保する

 目標7［エネルギー］
すべての人々の、安価かつ信頼できる
持続可能な近代的なエネルギーへの
アクセスを確保する

 目標8［経済成長と雇用］
包摂的かつ持続可能な経済成長及びすべての
人々の完全かつ生産的な雇用と働きがいのある
人間らしい雇用（ディーセント・ワーク）を促進する

 **目標9［インフラ、産業化、
イノベーション］**
強靭（レジリエント）なインフラ構築、
包摂的かつ持続可能な産業化の促進
及びイノベーションの推進を図る

 目標10［不平等］
国内及び各国家間の不平等を是正する

 目標11［持続可能な都市］
包摂的で安全かつ強靭（レジリエント）で
持続可能な都市及び人間居住を実現する

 目標12［持続可能な消費と生産］
持続可能な消費生産形態を確保する

 目標13［気候変動］
気候変動及びその影響を軽減するための
緊急対策を講じる

 目標14［海洋資源］
持続可能な開発のために、海洋・海洋資源を
保全し、持続可能な形で利用する

 目標15［陸上資源］
陸域生態系の保護、回復、持続可能な利
用の推進、持続可能な森林の経営、砂漠
化への対処ならびに土地の劣化の阻止・
回復及び生物多様性の損失を阻止する

 目標16［平和］
持続可能な開発のための平和で包摂的な社会
を促進し、すべての人々に司法へのアクセスを提
供し、あらゆるレベルにおいて効果的で説明責
任のある包摂的な制度を構築する

目標17［実施手段］
持続可能な開発のための実施手段を
強化し、グローバル・パートナーシップを
活性化する

図 1-1　SDGs の全体像（外務省 WEB　https://www.mofa.go.jp/mofaj/gaiko/oda/
sdgs/pdf/SDGs_pamphlet.pdf より）

である「自生（じしょう）」，「他のものによって生じさせられること」である「他生（たしょう）」に対して，「共生（ぐうしょう）」とは，自生と他生が合わさった事態，つまり自分で存在しながら，それと同時に他のものによっても生じさせられていることを指す。互いに相手があることで自分の存在の意味が明らかになり，相手があってこそ自分が認識できる。「共に創る社会」は，そんな状態をイメージした。

　実は，社会をより良くするためのアクションリサーチとエンパワメントは，コミュニティの人びとが参加し共に活動に関わる実践を通して，相伴って発展してきた。大きな礎を築いたのがパウロ フレイレ（Paulo Freire）である。フレイレは，ブラジルの教育学者として 1940-60 年代に識字教育と生活改善のアクションリサーチに取り組んだ。その中で，一方的に知識を教えるのではなく，人びとが現状を変えるために対話を通して自ら取り組むことが重要であるとした（Freire, 2011）。当事者の力を信じ，それを最大限に引き出したフレイレはエンパワメント実践の父とも言われている。

　変革は足もとから，まずは生活している人びとと共に未来を描くことから始まる。「**共創するコミュニティ形成技法**」と言えよう。俯瞰的に全体像を捉えながら，方向性を見定め，参加者の思いを束ね，アクションを起こす。

　持続可能な社会に向けたアクションリサーチは，まさに人びとのつながり，支え合いを基盤としたエンパワメントの仕掛けづくりに他ならない。

2節　アクションリサーチとは

1. アクションリサーチの定義と特徴

　英語の action research，**アクションリサーチ**は，「活動 action」に「研究 research」がついた言葉である。実践，研究，理論に橋を架ける研究方法（筒井，2010）で，実践の問いから課題を掘り下げ，実践に還元する研究である。当事者，実践者，研究者の密接な協働のもと，課題に基づいた活動を計画し，その成果を分析して実践に活かし，さらに実践の中から課題を見つけてさらに活動する，実践と研究の密接な結びつきを前提とした活動を指している（錦戸，2017）。

　すなわち，**アクションリサーチ**とは，当事者が発した課題について，当事者と共に解決に取り組み，検証を行い，よりよい社会を共に創るという一連のプロセスを継続的に行う活動のことである。

　アクションリサーチの大きな特徴の1つは，**多人称の立場から課題を捉えることで，新たなパラダイム変換を図る可能性を秘めている**ことである。すなわち，リサーチの基本である客観的に観察する3人称に加え，当事者と直接相対する2人称，当事者の一員としての1人称と，多層の視点を活用する強みがある。当事者に寄り添い，当事者と共に考えることで，新たな視点，これまでなかった方法など，解決の本質に迫るアイディアが生まれるチャンスが拡大する。

　当事者と共に実践から出発し，実践の中で研究し，その成果をすぐに実践に適用するのがアクションリサーチである。その営みを循環ループのように展開し，よりよいものを目指す。つまり，課題設定→実践→評価で終わらず，評価→評価に基づいた新たな課題設定→実践→評価→評価に基づいた新たな課題設定→……，と何度も繰り返すことで，さらに発展させていくプロセスである。

2. アクションリサーチの歴史

　歴史的には，クルト レヴィン（Kurt Lewin）が1946年に「アクションリサーチは社会を変化させることに挑む方法の1つ」として体系的に紹介したことが最初と言われている。

　その後，さまざまな領域で数多くの研究者や実践者が，社会や環境を変化させることを目的にアクションリサーチを用いてきた（草郷，2018）。医療，教育，コミュニティ活動の実践など，その領域は実に幅広い（秋山，2015）。人びとの生活や社会的な課題に関わる数多くの学問分野において，各々の学問体系の中で，よりよい実践への成果をもとにしてアクションリサーチは改善されてきた（Herr & Anderson, 2005）。それらが基礎となり，今日のアクションリサーチを発展させている。

　グローバル化，複雑化する社会の課題に対応するため，アクションリサーチの適用範囲は大きく拡大している（芳賀，2020）。保健，医療，福祉，教育，心理，行政，経営，まちづくりなどの分野で広く活用できる。当事者，実践者，

研究者が一体となって，お互いの知見を活かしあい，持続可能な社会の発展を追及する活動である。いわば「**実践知と科学知の連動型社会進化アプローチ**」とでも言えよう。

　したがって，アクションリサーチにおいては，今後ますますさまざまな知の連合，知の領域の枠を超えた**学際的**な取り組みが欠かせない。

3節　エンパワメントとは

1. エンパワメントの定義

　英語の empowerment，**エンパワメント（湧活）**は，「力」という意味の「パワー power」に，「〜にする」という接頭語の「エン em」がついた言葉である。もっている力を引き出す，発揮するという意味である。誰にでもわかる言葉で表現すると，人びとに夢や希望を与え，勇気づけ，人が本来持っているすばらしい，生きる力を湧き出させること，元気にする，力を引き出すこと，である。

　また，きずなを育む，共感ネットワークがエンパワメントである。というのは，個人あるいは組織，地域の中にあるすばらしい力に気づき，育み，さらには思いや関心を発信し，共有し，共振することは，新たな共創を生む。ある意味，きわめて創造的なパワーであり，イマジネーションをかきたてながら伝播し，仲間や組織の本質をつく波動のようなパワーである。

　エンパワメントという言葉は，さまざまな分野で使われている。実はその分野ごとに違う定義がある。代表的なものを紹介すると，教育分野では，内発的動機づけ，成功経験，有能感，長所の伸長，自尊感情。社会開発分野では，人間を尊重し，すべての人間の潜在能力を信じ，その潜在能力の発揮を可能にするような平等で公正な社会を実現しようとする活動。ビジネス分野では，権限の委譲と責任の拡大による創造的な意思決定。保健福祉分野では自分の健康に影響のある意志決定と活動に対しより大きなコントロールを当事者が得る過程，としている（安梅，2004）。

2. エンパワメントの歴史

　エンパワメントという言葉は，17 世紀に法的な権限を与えるという法律用

語として使われたのが最初といわれている。

その後も引き続き，権限や権利の獲得という意味で用いられた。1950年代にはアメリカの公民権運動や先住民運動，女性運動など，社会的な地位の向上を目指す活動に対して使われた。その後，1980年代からは福祉や公衆衛生の分野で当事者の参加を促す取り組みとして，また1990年代からはビジネス分野で権限移譲の意味で多く使われるようになった。

市民運動としてのエンパワメントは，5頁でも触れたブラジルの教育思想家フレイレの提唱により，ラテンアメリカをはじめ世界の運動に発展した。これらは地方自治や弱者の地位向上などに拡大し，人びとの潜在能力を発揮できる平等で公平な社会の実現を目的にエンパワメントという言葉を使っている。このように，当初はパワーを失った状態からの脱出を意味していた。

人は本来，すばらしい能力を持って生まれてくる。それを社会的な制約でつぼみに終わらせないよう，あらゆる資源を動員して，花を咲かせる条件を整備すること必要である。これは，障害のある人びとが社会で生きていくことを促す自立生活運動，困難を抱えた人たちが自分たちの力で支えあう自助グループ活動などにもつながった。

現在では，すべての人，集団，社会の潜在能力や可能性を湧き上がらせ，ウェルビーイング（良好な状態）実現に向けて力づける環境づくりをさす。あらゆる資源を巻き込みながら，仕組みをつくるダイナミックな考え方である。個人，集団，コミュニティがその環境を制御し，自ら設定した目標を達成し，自分と他人が生活の質を最大限に向上できるようになること，あるいは人びとや組織，コミュニティが自分たちの生活をコントロールできるようになる過程と定義される（安梅，2007）。

3. エンパワメントの理論背景

人にはもともと，誰かのために生きていたいという**共生の欲求**がある。図1-2は1960年代から活躍したマズロー（Maslow, A. H.）がとなえた欲求の5段階説を改変したものである。

マズローは，人の欲求には5つの段階があり，下の段階の欲求が満たされて，初めて上の段階の欲求が満たされるとした。いちばん下のもっとも基本的な欲

求は，食べる，寝るなどの生理的な欲求。次いで不安なく安心して生活したいという安定の欲求，人びとと共にありたいという社会的な欲求，社会に認められたいという自我の欲求が続く。最上段は，自分の力を存分に発揮したいという自己実現の欲求である。

　しかし今では，必ずしも下の段階の欲求が満たされなくても，上の欲求を満たそうとすることのあることが知られている。たとえば，貧しく衣食住がままならずとも他者を救う運動に力を尽くす人びとは，生理的欲求が十分に満たされない状況でも，自己実現の欲求を追い続けている好例である。

　そして自己実現の欲求の発展形として，さらにもっと大きな欲求があるとした考え方がある。それが共生の欲求である。自分の存在の意味は，自分だけが満足する閉じた世界では得られない。誰かのために存在することで，確固とした自分の**存在の意味**が見出せる。

　人びとが本来望むことは共生の欲求であるのに，実態は互いを気遣う支え合いの仕組みが失われつつある状況が進行している。

　だからこそ，きずなを育む力をつむぎ，持っている力を湧き出させるエンパワメントに基づくアクションリサーチが，より一層求められる時代となっている（安梅，2019）。

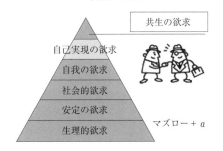

図 1-2　マズローの欲求 5 段階説（改変版）

第2章

アクションリサーチに活かす エンパワメントの基本

1節　エンパワメントの原則

エンパワメントの原則は下記の8点である。

---

1. 目標を当事者が選択する。
2. 主導権と決定権を当事者が持つ。
3. 問題点と解決策を当事者が考える。
4. 新たな学びと，より力をつける機会として当事者が失敗や成功を分析する。
5. 行動変容のために内的な強化因子を当事者とサポーターの両者で発見し，それを増強する。
6. 問題解決の過程に当事者の参加を促し，個人の責任を高める。
7. 問題解決の過程を支えるネットワークと資源を充実させる。
8. 当事者のよりよい状態（目標達成やウェルビーイングなど）に対する意欲を高める。

　つまり，エンパワメントの原則は**当事者主体**である。したがって，当事者に関わる人びと，専門職や上司，仲間の役割は，当事者の力を湧き上がらせ，そのための環境整備をすることである。ここでいう当事者とは，中心的に関わる人，人びと，組織をさす。当事者に関わる人びととは，それを側面から支える人，人びと，組織をさす。

　このエンパワメントの原則は，個人にとどまらず，人びと，組織すべてにあてはまる（安梅，2005）。人びとの集団，地域や事業などの組織をエンパワメ

ントする場合でも，そこに属する当事者が目標を選択し，主導権や決定権，解決策の考案などに主体的に参画する環境整備が重要である。

2節　エンパワメントの必須条件

エンパワメントの必須条件は下記の3つである。

---

1. **希望**：希望につながるゴールが見えること
2. **信念**：自分にはゴールに向かう力があると信じられること。
   自己効力感や組織効力感（さまざまな外部の環境に対し，自分あるいは組織が何らかの働きかけをすることができる，という感覚）が持てること
3. **意味**：ゴールに挑む自分とその努力への意味づけができること。

重要なのは，この3つがすべてそろっていることである（安梅，2012）。

例をあげてみよう。たとえば大きな災害に巻き込まれたとする。なぜ私がこんな目にあうのかと怒ったり，つらい状況から目をそむけたくなるかもしれない。あるいはショックで落ち込んだり，目の前が真っ暗になり，天に助けてくださいと祈るかもしれない。しかしひとしきりして落ち着いたら，現実を直視し，解決に向けた行動を起こすだろう。対処するためには何が必要だろうか。まずは，新たな生活への**望み**をもつこと。そして，自分には**対処する力やがんばりぬく力**があると信じること。さらに，仲間と共に努力することは**意味がある**と考えることで，自分を奮い立たせることができる。

この3要素は，共に創るアクションリサーチにおいても活用できる。大きな課題に直面したとき，どう対処するだろうか。未来を拓くビジョンや価値，ゴールを設定し，自分たちの力を信じ，一歩ずつ前進する努力をみなで意味づけ，乗り越えようとするだろう。

大きな課題に直面したときや危機的な状況にとどまらない。日々の生活においても，日常的な職場においても，この3つの要素を失うと，人はパワーレス状態に陥る。パワーレス状態とは，私には何もできない，存在する価値がないなどと思い込むことである。たとえば社会的に無視されることは，希望，効力

感，努力への意味づけを著しく損なう刃となる。周りに人がいるにも関わらず無視されるという社会的無視は，脳内のストレスホルモンを激増させる要因となる（WHO，2008）。また虐待や家庭内暴力など暴力によるパワーレス状態は，脳内の神経構造を変えてしまうダメージをもたらす（友田，2011）。

3節　エンパワメントの種類

エンパワメントには，**自分エンパワメント（セルフ・エンパワメント：**self empowerment），**仲間エンパワメント（ピア・エンパワメント：**peer empowerment），**組織エンパワメント（コミュニティ・エンパワメント：**community empowerment）の3つがある（Anme，2008）。

自分エンパワメントは，自分で自分の力を湧き出させることである。たとえば，やる気になるための何かの方法を使ったり，ストレス解消のために趣味に没頭したりすることである。仲間エンパワメントは，仲間を使って力を引き出すことである。たとえば，一緒に会食したり，話し合ったりすることである。組織エンパワメントは，組織や場，地域や仕組みなどを活用して元気にすることである。組織全体でのイベントなどのコトづくりや，地域の祭りなどは，組織エンパワメントの例である。

これらを組み合わせて活用することが，継続的で効果的なエンパワメントの実現に必須である。これを**エンパワメント相乗モデル**（Empowerment Synergy Model）という（図2-1）。

図2-1　エンパワメント相乗モデル

第**3**章 エンパワメントに基づく アクションリサーチの方法

1節　アクションリサーチの原則

　共に創るアクションリサーチに求められるのは，当事者の価値観とニーズを明らかにし，当事者にできることは何かを見きわめて，環境を整備することである。

　当事者の価値観とは，個人，人びと，組織が大切にしている歴史や文化，思いである。ニーズとは，個人，人びと，組織が求めているものである。当事者の価値観やニーズは，外部者の予想と違う場合が少なくない。そこでアクションリサーチの第一歩は，コミュニケーションをとることである。当事者が何を大切にしているのか，何を望んでいるのかを，十分に討論する。さらに当事者がおかれた環境，当事者の表情，しぐさなど，非言語的なものからも把握するよう努める。言葉で訴えることは，時に真のニーズとは限らない場合がある。言葉の背景にある思いをくみとる必要がある。

　第2章で述べた通り，エンパワメントの原則は当事者が主体である。共創型のアクションリサーチにおいても，当事者が自分ごととして課題を捉え，継続的に自分の力で解決に向けた活動を遂行できる環境を準備する。

　すなわち，アクションリサーチの原則は，表3-1に整理した3点を踏まえることである。

　たとえば，ある地域のまちづくりのアクションリサーチを例にしてみよう。その地域の人びとは，どんな街になったらよいと考えているのか。どんなこと

表 3-1 アクションリサーチの原則

1. 当事者の価値観
2. 当事者のニーズ
3. 当事者にできること（使える感覚，共にある感覚）

を実現したいと願っているのか。人びとが自分たちで実現に向けて継続的にできることは何だろうか。人びとと共にこれら3点をしっかり話し合い，方向性を決定し環境を整備することで，着実に活動の遂行が可能となる。

2節　アクションリサーチのプロセスと発展段階

　アクションリサーチのプロセスには，さまざまな手法がある。ここでは代表的なものとして **PDCA サイクル**と **OODA ループ**を紹介する（図 3-1）。
　PDCA とは Plan（計画），Do（実行），Check（評価），Action（改善）の頭文字をとったもので，着実な課題解決を目指す方法のひとつである。日本では 1990 年代後半からよく使われるようになった。計画から改善までを一連のサイクルとして実施する。そのサイクルを必要に応じて何度も繰り返すことで，よりよい成果を得るものである。多くの人びとが共に課題を共有し，計画，実行，評価，改善を見える化しながら取り組む際に有効である。
　OODA ループとは，Observe（観察），Orient（状況判断，方向づけ），

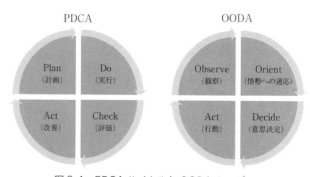

図 3-1　PDCA サイクルと OODA ループ

Decide（意思決定），Act（行動）の4つの頭文字をとったものである。もともとは，状況に応じた機敏な判断を必要とするパイロットの課題解決を目指す方法として編み出されたものである。環境の変化が大きい場合などに，観察に基づいて方向性を見定め，機敏に意思決定して行動する課題などの解決に適した方法である。

昨今ではPDCAサイクルとOODAループを結びつけ，柔軟に活用する場合も増えている。どのような課題に，どのようなメンバーで，どのような環境で取り組むのかにより，どのようなプロセス手法を採用するかを適宜工夫して活用してほしい。

アクションリサーチは，現在の立ち位置を明らかにしながら進める必要がある。その際の目安が発展段階（ステージ）を示す**CASEモデル**（Creation 創造，Adaptation 適応，Sustenance 維持，Expansion 発展）である（図3-2）。世界各国のアクションリサーチ設計で活用されている（Anme, 2019）。

これから取り組むアクションリサーチでは，ゴールをどの発展段階におくのかを踏まえて，さまざまな技術を活用することが有効である。

創造段階は，何もないところから，新たに活動や関係性が発生する段階である。創造技術，創発技術，変革技術など，新しい活動や関係性の開始に向けた技術が必要である。

適応段階は，発生した活動や関係性が周囲との調整で定常化するまでの段階である。適応技術，調整技術，協調技術，伝達技術など，活動や関係性を軌道に乗せるための環境調整，チーム調整などを含む技術が求められる。

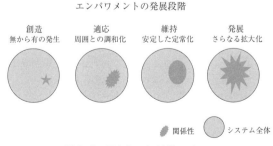

図 3-2　アクションリサーチ

　維持段階は，活動や関係性を定常化する段階である。活動や関係性の維持技術，実施技術，追求技術，統制技術など，安定した形で維持するための技術が重要となる。

　発展段階は，さらなる進展に向けて活動や関係性を拡大する段階である。展開技術，影響技術，統合技術など，混沌とした複雑な対象に対して統合的に発展するための技術が求められる。

　アクションリサーチの推進には，常に発展し変化する立ち位置を踏まえ，状況に適合したプロセスの設計が大切である。

3節　当事者を巻き込むビジョン設計

　アクションリサーチにおいては，そこで生活する人びと，そこで働いている人びとなど，当事者を巻き込んで将来に向かう道筋を作ることが求められる。

　そのためにまず必要となるのが，当事者を巻き込むビジョン設計である。

　ビジョン設計の３つのステップは，**1ビジョンを描く，2ニーズに応える，3広く認知させる，**という仕組みづくりである。たとえばこれらを小集団活動として実施することで，みなが共鳴するビジョンが設計できるとともに，実現への動機づけにつながる（安梅，2014）。

　共鳴する仕組みづくりの第一歩として，自分たちの組織や利用している場所，仲間たちと過ごす場所がどうあってほしいかを，ビジョンとして描くことが有効である。住民，利用者，関係者など，当事者を巻き込んで実施することが望ましい。実践にあたっては，ビジョンという言葉を，わかりやすい「夢の花」というような言葉に置き換えるのも一法である。「夢の花」という言葉の響きには，明るいきざしや希望が感じられる。前をしっかり向いて「そうだ，やってみよう」という意欲を引き出すことができる。自らが社会の一員であることに目覚め，仲間と共にあることをうれしく感じることができる。見通しをもって前進する力強さが得られる。

　キーワードは，誰もが共に（インクルージョン），本来持っている力を最大限に発揮して（エンパワメント），夢に向かって進んでいくこと（イノベーション）である。この３つをキーワードにすることで，どんな組織でも「当事

者が共有できる基盤」を作ることができる。手順は次の通りである。

1. 基本となる考え方をメンバーで共有する。たとえばインクルージョン，エンパワメント，イノベーション。すべてのメンバー，すべてのチームが，このキーワードに沿った未来を描くことを確認する。【理念の共有】
2. ブレーンストーミングで「夢の花」のアイディアを描いていく。目標を実現する時期を明確にする。たとえば，大きな夢であれば遠い時点に，現実に近い夢であれば近い時点に，目標を実現する時期を定めるとよい。【目標設定：ビジョンを描く】
3. 「夢の花」を養う「根」と「葉」を描く。根は土からどんどん吸収する「現在持っている資源」，葉はこれから光合成により作る「新たに作る必要がある資源」である。【既存資源，調達資源の整理】
4. 「夢の花」を支える「幹」を描く。幹は養分を花に届ける筋道である。実現のためのプロセスを年次計画として具体的に整理し，夢の花がつぼみから大輪を咲かせるよう十分に栄養が届くようにする。【プロセス設計：ニーズに応える】
5. 誰もがわかるように，成果のイメージ図を作る。「夢の花」実現の暁にみなさんに広告する，という具体的な設定にして視覚化してもよい。【見える化：広く認知させる】
6. さまざまな人びとからのフィードバックを盛り込む。たとえば，強みや良さのSポイント（Strength Point）と，工夫できるところのCポイント（Challenging Point）の2つを，すべての参加者から集めて反映することが効果的である。
7. これらを盛り込んで，次節で解説するエンパワメント・プロセス設計を作成する。エンパワメント・プロセス設計とは，ロジックモデルに基づき，1目標，2現状，3背景，4影響要因，5支援，6根拠を論理的に明示することである。

4 節　共創に向けた計画作成

　当事者のニーズや意向を反映したアクションリサーチの計画作成には「エンパワメント・プロセス設計」の活用が有効である（図 3-3）。このモデルの特徴は，目標と支援方法の戦略がどのようにプロジェクトを成功させるかの「筋道と根拠」を明示できる点である。プロジェクトが成功するかどうかの可否 whether に加えて，方法 how，根拠 why を論理的に明確にする（Anme, 2018）。

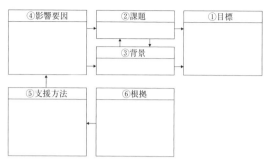

図3-3　エンパワメント・プロセス設計

これは，以下の6つのステップに沿って順に整理するものである。

第1ステップ：もたらしたい成果は？
第2ステップ：現状は？
第3ステップ：背景は？
第4ステップ：問題点や課題，背景要因に影響を与える要因は？
第5ステップ：影響を与える要因を変化させる支援（戦略）は？
第6ステップ：根拠は？

実践編では，すべての活動にエンパワメント・プロセス設計を付記した。詳細は実践編を参照されたい。

5節　共創に向けたシステム設計

エンパワメントには，自分エンパワメント，仲間エンパワメント，組織エンパワメントの3つの種類があること，そしてこれらを組み合わせるエンパワメント相乗モデルについて，13頁で言及した。

このうち，組織エンパワメントは，さらに3つのレベルに分けられる。いわゆる狭義の組織を対象とする**組織エンパワメント**，市場や地域などの**社会エンパワメント**，そして制度や仕組みを対象とする**システムエンパワメント**

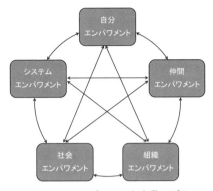

図 3-4　エンパワメント力動モデル

の 3 つである。**自分エンパワメント**，**仲間エンパワメント**を加えると 5 つの
要素となり，これらのダイナミックな関係性を**エンパワメント力動モデル**
（Empowerment Dynamic Model）という（図 3-4）。

　エンパワメント力動モデルは，5 つのレベルのエンパワメントが，互いに強
めあったり弱めあったり，複雑な関係性を示すモデルである。相生，相剋など
の性質を表す易経の陰陽五行と類似している。相生とは隣りあう要素が互いに
助けあう，強めあう関係にあること，相剋とは 1 つ隔てた隣の要素とはけん制
しあう，反発しあう関係にあることである。

　自分 / 仲間 / 組織 / 社会 / システムエンパワメントは，互いに影響を及ぼす
一連のつながった円環である。したがって，5 つの要素それぞれが助け合い強
めあう，相生の関係にある。しかし，けん制したり反発したりする相剋の関係
もありうる。

　たとえば，以下のような関係がある。

1. 個人が強すぎると組織を弱める。個人主義が重んじられる組織では，集団として
　の意思決定が難しいことがある。
2. 一部の組織が強すぎると，規範としてのシステムを弱める。強い組織や部門が主
　張を貫くと，全体のシステムの論理を歪めることがある。
3. システムが強すぎると規則で縛り仲間を弱める。全体主義的な統制などは，異分

子集団を排除することがある。
4. 仲間が強すぎると派閥を作り社会を弱める。自己利益追求の仲間集団は，社会全体のウェルビーイングに対し無関心を装うことがある。
5. 社会が強すぎると，個人を弱める。社会規範を強要して，個人の自由を束縛することがある。

　このモデルを適用すると，包括的にものごとの本質を見きわめたり，状況の変化を柔軟に捉えたりすることができる。

　たとえば，アクションリサーチにおいて，単に個人のウェルビーイングに注目するにとどまらず，個人を取り巻く家族，仲間，組織，地域社会，そして制度や仕組み，文化や歴史にも注目した複合的な関係性，個人の成長発達や加齢にともなう他の関連要因の変化を**システムとして設計**することができる（安梅，2020）。

　また，インターネットを利用した社会ネットワークシステム（SNS）の進展から，仲間や社会組織を介した個人への働きかけの手法が注目されている。エンパワメント力動モデルを用いることで，さらに有効なアクションリサーチの戦略を構築できる可能性がある。

6節　アクションリサーチ展開の3要素

　アクションリサーチを効果的に展開するための3要素として，可塑性，多様性，全体性，がある（図3-5）。

1. **可塑性**：目標，プロセス，方法などの柔軟性と適応性，しなやかさ
2. **多様性**：さまざまな可能性の包含
3. **全体性**：長期的な視点での統合性

　可塑性とは，目標や過程，方法や技術などの**柔軟性と適応性**を高めることを意味する。それは，変化に対処できる強みである。困難にも打たれ強く，常に前向きにものごとに取り組む。

図3-5　アクションリサーチ展開の３要素　　　図3-6　可塑性：変化させる能力

　可塑性はもともと，ものごとにしなやかに対応すること，状況に適応しながら変化する性質を意味する。分子レベルから細胞レベル，臓器レベル，個体レベル，環境レベル，宇宙レベルまで，さまざまな次元で用いられる言葉である。

　さまざまな次元の中で，アクションリサーチの展開には，特に３つの可塑性が強く関連している。**身体可塑性，認知可塑性，環境可塑性**の３つである（図3-6）。

　身体可塑性とは脳や筋肉，免疫など身体の性質であり，状況に応じて身体の構造や機能を変化させていくことである。認知可塑性とは人の認知機能の性質であり，ものごとの見方を柔軟に変化させ，ものごとにうまく適応することである。環境可塑性とは環境の生態学的な性質であり，気候変動や社会背景など諸条件の変化に応じて，もっとも安定しバランスがとれる状態に環境が変化することである。

　これら３つの種類の可塑性は，実は深くつながっている。たとえば，ものごとの見方を変えて認知可塑性を発揮すれば，脳の中で神経のつながりも変化する。健康には運動が有効と認知し身体を動かせば，筋肉ばかりでなく免疫の可塑性が促進され病気に負けない身体を作ることができる。そして行動を起こして環境に働きかければ，より健康を維持しやすい環境の状態に変えることができる。

　つまり，身体，認知，環境のどれか１つを意図的に動かすことで，他の可塑性を変化させることができる。意図的に動かすのは，身体可塑性，認知可塑性，環境可塑性のいずれが最初であってもかまわない。私たちは，この可塑性の連動を無意識で行っている場合も多い。しかし時にはあえて意識的に可塑性を発揮することで，可塑性の効果をさらに有効活用することができる。

　日常生活において，私たちがもっとも容易に可塑性を発揮できるのは，ものごとの見方を変えるという認知可塑性であろう。積極的に認知可塑性を活用し，脳神経の回路を目的に向かってより効果的に対処できるよう組替えたり，免疫を高めたり，行動しやすい環境の整備につなげることができる。

　多様性とは，さまざまな可能性を包含する**ふところの広さ**を意味する。ここでいう多様性とは，見かけが違う人びとがいる，あるいは内容が異なる考え方がある，という表面的な事実を意味しているのではない。さまざまな見かけや考え方が存在する**意義を認め**，**違うからこそ価値があると楽しむ**こと，それがふところの広さ，真の多様性である。

　多様性があるから，予期しない未経験の状況にも，うまく対処することができる。いろいろな意見があれば，ひとりでは思いもつかない多角的な視点から，多彩なアイディアが生まれやすくなる。

　もちろん，自分とは違う意見を持つ人びとと共に過ごす異文化の中では，誰もが迷い，葛藤することもあるのは当たり前である。違和感を受け止めながら，改めて自分を見つめなおす機会となる。そして多様性の中で，参加メンバー一人ひとりが自分のすばらしさに気づく機会とすることもできる。

　多様性は次の発展への大切な宝物である。人間は長い進化の過程で，多様性を最大限に活用しながらいのちをつないできた。さまざまな人びとが知恵を出し合い，激変する新たな環境に適応して生きてきた。アクションリサーチにおいては，参加メンバー一人ひとりが**多様性を楽しむ環境づくり**がきわめて重要である。

　全体性とは，長期的にさまざまな活動が統合され，全体として機能することを意味する。人，人びと，組織がそれぞれ別々に動いているように見えても，全体としてそれらを統合する仕掛けが必要である。その時々には浮き沈みはあっても，長期的な視点でバランスをとりながら発展していく。

　可塑性，多様性，全体性は個人にとどまらず，組織や地域，グローバルな活動でもあてはまる。アクションリサーチの展開において，可塑性，多様性，全体性の3つの効果を理解しておくことは，大きな強みになる。

第4章 アクションリサーチの評価

1節　評価の8要素

　共創型アクションリサーチは，エンパワメントの8つの要素（Eight Values for Empowerment）に基づき評価できる（安梅，2014）。

1.　共感性（empathy）

　エンパワメントには，共感性が欠かせない。自分の意志を持ちながら，他者にも同じように明確な意志があることを認める。他者の意向を受け止め，自らのことと置き換えて他者の意向を理解することができる。それが共感である。

　共感性は，人と人との間にとどまらない。活動の趣旨や内容，成果や貢献などへの共感性が，エンパワメントの実現に大きく影響する。共感性の高いプログラムやメンバー間のつながりは，エンパワメント実現への大きな力となる。

2.　自己実現性（self-actualization）

　自己実現性とは，メンバー一人ひとりが，自己の活動によって自己の思いや価値を実現することができると感じていることである。人は意味がある，楽しいと感じるときに動く。それは子どもからお年寄りまで，生涯を通じて変わらない。自己実現性の高い活動であれば，人びとが自ら参加したいと願い，活動にとどまり続けたいと願うようになる。

3. 当事者性（inter sectoral）

　当事者性とは，メンバー一人ひとりが，人ごとではなく自分のこととして関わっていることの指標である。自分のこととして関わるとは，ゴールの達成に自分の役割があると確信している状態をさす。

　人は自分の立ち位置が見えない場合，自分のこととして捉えることが難しくなる。特に多くの人びとが参加する活動の場合，なんとなく他者の中にいることでいいと認識し，当事者性を持てない場合も多い。

　エンパワメントを促進するためには，何らかの役割を持ち，それがどんなに小さな役割であっても全体に貢献することを明示する必要がある。

4. 参加性（participation）

　参加性とは，実際にメンバー一人ひとりが，活動に影響を与えていると感じていることの指標である。これは物理的な参加にとどまらない。人びとが何らかの形で，確かに関わっていると思えることの指標である。

　自己実現性や当事者性との違いは，参加性には目に見える形で，自分や他者が認識できる参加行為や具体的な関わりがある点にある。人は他者により認識されることで自分を意味づけることができるので，他者に認識できる参加や関わりがあるかどうかを指標とすることができる。

　みなで何かを一緒に行うという「コトづくり」を通じて，それが各人の日常にかけがえのないものとして位置付けられるような「仕掛けづくり」が大切である。当事者のやる気，すなわち内的な動機づけにつながる仕組みを作る。当事者の参加や参画をイベントのひとつとして定常的に設定することも一法である。

5. 平等性（equity）

　平等性は，メンバーの連帯を促進する上で必須である。メンバーが，活動の内容，フィードバック，メンバーに対する処遇が平等と感じないと，力は湧かず，逆に力を奪う状態に陥る。

　必ずしも平等にできない状況においては，メンバーが納得できる合理的な理由を提示し，メンバーすべてに受け入れられる環境を整えることで，平等性を

担保する場合もある。

6. 戦略の多様性（multi strategy）

　多様性は，活動の発展に向けた多様な資源の確保につながる，個人，組織，環境にとって大きな強みである。メンバーの多様性に加え，用いる資源の多様性を考慮する。さまざまな人，資源，戦略を複合的に組み合わせて，活動を遂行する。

7. 可塑性（plasticity）

　さまざまな状況変化に柔軟に対応できるかどうかは，個人や組織の発展に大きな影響を及ぼす。メンバーや環境が変化しても，メンバー，活動，目標達成へのプロセスが前向きに形を変化させながらどこまで対応できるかを評価指標とする。

8. 発展性（innovation）

　将来への発展性や持続可能性は，メンバーに安定感をもたらす。なぜなら将来を描くことで，現在の自分あるいは自分たちの行動規範を設定し，役割を戦略的に決めることができるからである。活動において，発展へのイノベーションや安定した継続の見通しがあるかを評価指標とする。

2 節　妥当性と信頼性

　アクションリサーチの科学性については，さまざまな議論がある。たとえば Lincoln & Guba（1985）は信憑性（trustworthiness）とし，その4基準として①波及可能性（transferability），②信用性（credibility），③頼れる一貫性（dependability），④確証性（confirmability）をあげている。一方，Herr & Anderson（2005）は妥当性の4基準として①アウトカム妥当性，②プロセス妥当性，③民主的妥当性，④触媒的妥当性をあげている。

　アクションリサーチが科学的な方法として有効かどうかは，その**妥当性**と**信頼性**を明示することが必要である。多くの場合アクションリサーチは質的研究

の形をとり，量的研究の場合と同様な方法では信頼性と妥当性について語ることができない。なぜなら，質的研究と量的研究では，研究の過程の性質が異なるからである。しかし，質的研究についても，科学的な基準を設定し，より妥当性と信頼性を高める工夫が可能である（瀬畠ら，2001）。

　妥当性とは命題が限りなく真に近似することであり，つまりそれはあくまでも「近似」であって，命題が真であることの確信ではない。アクションリサーチにおける妥当性とは，「事実の近似」が問われるものである。つまりアクションリサーチの妥当性は，それが対象とする課題に「あてはまり（fit）」，現象をよく「つかまえ（grab）」，しかも十分に「うまくいく（work）」かどうかで判断される。「あてはまる（fit）」とは，アクションリサーチで抽出された内容が，実際の状況を如実に反映しているということである。また「つかまえる（grab）」とは，アクションリサーチで導かれたものが，実践の場において本質を捉え核心をついているという意味である。さらに「うまくいく（work）」とは，その導かれたものが現象を説明し，解釈し，予測するのに有効であるということである（安梅，2010）。

　一方，アクションリサーチにおける信頼性とは何であろうか。一般に量的研究においては，測定を繰り返した際の測定具の精度のことを信頼性という。何度も測定を繰り返した際の反復可能性である再現性として信頼性を評価する場合もある。しかし，アクションリサーチでは，反復ができないということが方法論上の大きな欠陥として批判の対象になってきた。なぜならアクションリサーチは，「もう一度」実施することができない。アクションリサーチは，当事者と共に課題解決にあたる人びとの技術や創造性，時間，資源，分析能力など，チームが最善を尽くして活動した結果の反映である。したがって完全に同じことを反復できるかという意味では，再現性は議論の外になる。

　そこでアクションリサーチの信頼性は，結果を実践の場面において活用し，その結果が類似した状況や，また相違する問題に対しても応用できるか否かにより検証される。アクションリサーチで得られた結果を同様な状況に使用した場合，うまくいくのか。すなわち，現象を解釈し，理解し，予測することができるのかどうかが基準となる。

　アクションリサーチにおいては，妥当性（validity），信頼性（reliability）

の代わりに，情報把握と分析の精度について明らかにすることが求められ，**証拠**（evidence）とか**確実性**（credibility）などの用語を用いることが多い。

第5章 エンパワメントに向けた アクションリサーチのコツ

1節　エンパワメント7つのコツ

　エンパワメントを効果的に推進するためにはコツがある（表5-1）。以下に
その内容を概説する（安梅，2019）。

1. 目的を明確に

　まずは当事者を巻き込む必要がある。ここでいう当事者とは，直接関わる人
にとどまらない。その家族や仲間，活動に関連する人びとなど，当事者が活動
のために接するすべての人びとが当事者となる。当事者のニーズに基づき目的
を明確に設定する。そのニーズは当事者の価値観を反映している。価値観とは，
目指す状態を実現するプロセスにおいて，守る必要のある基準や方針などで
ある。一人ひとりの価値観を束ねて，活動の基本的な考え方，理念，行動指針，
方針などを共有していく。

表5-1　エンパワメント7つのコツ

1. 目的を明確に
2. 関係性を楽しむ
3. 共感のネットワーク化
4. 心地よさの演出
5. 柔軟な参加形態
6. つねに発展に向かう
7. 評価の視点

　当事者の価値観に合致した成果を与えることが，参加意欲や一体感につながる場合が多い。その場限りで価値観を共有するだけでは，本質的な「やりがい」を得ることは難しい。なぜなら人は，仲間や社会の人びととのつながりや共感を得ることで，自分の存在や仕事の「意味」と「喜び」を確認できるからである。各人の価値を大切にしながら，活動が目指す価値を当事者が常に認識して，言葉として確認しあうことが有効である。

　共有する価値のある知識，課題や新しいアイディア，将来の活動をお互いに理解し，各々が影響を与えることができると感じられる「共感に基づく価値」が求められる。これらは参加している当事者による価値づけである。

　また，スタッフ的な立場の人や外部の専門家など参加者以外の人びとが，さらに補う形で価値づけを行うのも効果的である。たとえばその取り組みがどれだけ社会的に価値があるか，どのようにすればもっと力を引き出すことができるかなどについて，さまざまな視点から意見をもらうことが望ましい。

2.　関係性を楽しむ

　関係性を楽しむとは，人びとや組織の関係性や，テーマへの取り組みのプロセス自体を楽しむという意味である。

　エンパワメントのもっとも重要な原則は「共に楽しむこと」である。そもそもが「共感に基づく自己実現」に大きく依存するからである。

　そのためには，自発的な関わりが生まれ，関係性を楽しむような**開放的な雰囲気**，これと特定できなくても，何かしら自らが得られるものを感じる**互恵性**，そして何よりも**信頼感**が必要である。

　孔子の言葉に「これを知る者はこれを好む者にしかず，これを好む者はこれを楽しむ者にしかず」がある。何かを成し遂げるためには，楽しむことがもっとも効果的なのである。

　エンパワメントは**縁パワメント**とも言える。人びとや組織のつながりを強め，さらにその関係を楽しむ環境作りが求められる。

3.　共感のネットワーク化

　共感のネットワーク化とは，近親感と刺激感の両方の感覚を持ちながら，つ

ながっていると感じることである。近親感とはリラックスした安心感，刺激感とはピリッとした緊張感である。エンパワメントは，硬柔合わせ持つこと，すなわち安心感と緊張感との両側面を持つことで，より活性化することが知られている。

　人びとの個人的な関係が強く親近感の高い状態であれば，組織全体での活動は中身の濃いものとなる。日常的な，私的なやり取りの中から得られた信頼感を，新しい活動に結びつけたり，逆に全体の活動から1対1の緊密な関係を育む。一方，場面ごとに複数のグループに所属する機会があれば，刺激感が増大する。日常的な関係性から解き放たれた，他組織における新しい立場から刺激を得る。

　共感のネットワーク化を促進するためには，定例的な活動と刺激的な新しい活動を意図的に組み合わせるとよい。これまで出会った人びととは違う対象との人間関係や，刺激的なテーマを拡大して人びとの関心を引き付けるなど工夫する。

4. 心地よさの演出

　ヒトの脳は，それ自体がリズムを持ち，リズムを心地よいと感じることが明らかにされている。実は自然界にあるものには，すべてにリズムがあることが示されている。植物や動物の成長のリズムから，宇宙の拡張するリズムまで。伸びる時期ととどまる時期，繰り返す時期と変容する時期など，成長や発展の過程には共通してリズムがある。個体の成長はもとより，人と人，人と組織，外部社会との関係など，組織や社会の成長も同様である。

　そこで成長や発展を促すために，意図的にリズムを作ることが効果的な方法のひとつである。個人でも組織でも，リズムが成長を促す。たとえば困難に出会い雌伏していても，長い目で見るとそれが飛躍的な成長への契機になった，という事実はよく耳にする。生涯発達科学では，脆弱性（vulnerability）があるからこそ，それを乗り越える強さや，他者を思いやる共感性を獲得できるとしている。養殖漁業の分野では，時にはあえて大きな魚を登場させて緊張した小魚の環境を作ることで，実は小魚は活き活きし，長生きしたり生産性が上がったりするという。

　リズムは鼓動である。身体では心拍や脳波など，リズムが確実にエネルギー

を全身にいきわたらせる波となる。同じように，当事者，人びと，組織をリズムにより活気づけることができる。

　心地よさを演出するには，下記のような取り組みが有効である。

①多くの人びとに触れる刺激と，親密な人間関係を醸成する機会とのつり合いをとる。

②新しいアイディアを生み出す討論会と，既存知識の普及を目指す研修会とのバランスをとる。

③多様な人びとの出入り，さまざまな活動の実施時期のリズムを作る。

④交流や発展への鼓動などを，当事者間で意識化する。

⑤時宜に見合ったリズムを，意図的に生み出す。

　エンパワメントを推進するためには，「変化」と「秩序化」の2つに取り組む時期のリズムをつくる。「変化」は環境の移ろいを敏感に察知し適応すること，「秩序化」は生み出した適応の方法を秩序化して，より効果的，効率的，拡張的に広げていくことである。

　「変化」の取り組みは，人びとや組織が前提として，普段意識せずに判断の拠り所としている価値基準を見直すことから始める。それが望ましいものであるのか，それとも変更が必要なのかを判断し，必要があれば柔軟に修正する。人びとや組織の「前提」を明らかにし，これを見直すことが求められる。

　「変化」の取り組みでは，これまでの考え方や方法を捨てることが求められる。しかし実際には，多くの人や組織は捨てることが下手で，今までうまくいっていた考え方や方法に固執してしまう。変えなければならない方向を変えずに，今までうまくいっていた過去の考え方や方法をもっと効果的にやろうとする。

　「変化」の取り組みのためには，変化すべきものと秩序化すべきものの見きわめが重要である。秩序化するということは変化を止めることである。変化とは秩序化の反対，すなわち既成概念を壊すこと，破壊の対象である。

　人びとや組織の考えや行動，意思決定の背景にある前提や枠組みを見直し，望ましいか否かを判断し，必要があれば修正するという「変化」の取り組み。

共有の価値を普及させる「秩序化」の取り組み。エンパワメントに生きた鼓動を与える「変化」と「秩序化」を，いかに美しいリズムでつむぎあげるかが腕の見せどころである。

5. 柔軟な参加形態

　人びとの参加の状態や役割は，時期により変化することを前提とし，柔軟な幅を持たせることが原則である。また，参加者，参加時期，参加形態は，その時の状況に応じてさまざまでいいと認めることが大切である。

　たとえば，参加の形態には，下記のような種類がある（図5-1）。

①コーディネーター：企画や組織の調整的な役割を担う人
②中核メンバー：企画や運営に積極的に関わる人
③活動メンバー：活動に日常的に関わる人
④協賛メンバー：関心のあるときに参加する人
⑤参照メンバー：必要に応じて専門的な情報や技術を提供する人

　どの形態のメンバーも，それぞれの役割を，「いつでも」果たすことができる，という気持ちになる活動を組むよう配慮する。

　エンパワメントを成功させるには，参加を強制するのではなく，磁石のように自然に無理なく参加できる雰囲気作りが有効である。また，どのメンバーも必要に応じて中核メンバーや活動メンバーとして活動できるよう，いつでも柔軟に変更可能な参加形態とすることが重要である。

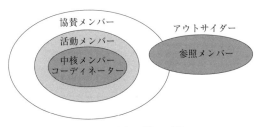

図5-1　参加形態の種類

6. 常に発展に向かう

　人も組織も，ひとつの状態にとどまっていられない存在である。未来に向かい，常に発展を目指して動くことで活性化する。硬直化せずに，さまざまなメンバーを柔軟に取り込む。環境に適応したダイナミックな活動を展開する。

　エンパワメントの目指すところは，いわば「活き活きした人，人びと，組織」を育むことである。人びとや組織が本来備えている力を湧き出させることで，人びとや組織を変えていくことができる。

　未来への活き活きした視点を維持するために，「常に発展に向かう仕掛け」を備えることが重要である。

7. 評価の視点

　活動の意義を感じるためには，活動の意味づけ，すなわち評価の視点が必要となる。それは，活動に関わる「価値」を明らかにすることである。活動に関わることにどんな意味があるのか。その目標，活動結果，影響力，コストはどの程度なのか。それらを知ることで，満足感を得たり，将来への見通しを得たりできる。

　エンパワメントを推進するには，活動の価値を常に「見える化」しておくことが望ましい。必要に応じて活動の途中で評価し，状況を客観的に測定する。どの程度すばらしさがあるのか，あるいは今後すばらしさを発揮することができるのか，顕在力と潜在力を明らかにする。さらに，新しいやり方の提言，将来生じる可能性のある課題を予測する。

　評価により価値を明示することで，人びとと組織が積極的に参加する動機づけができる。評価にあたっては，コミュニティの本質を見抜くことのできる，内部の者と外部の者の両者による評価が有効である。

　評価の目的は，次の展開に活かすことである。「私は失敗したことがない。ただ，うまくいかない一万通りの方法を見つけただけだ」と語るエジソン同様，評価をさらなる発展への足掛かりとする姿勢が求められる。

2節　アクションリサーチ３つのコツ

アクションリサーチの推進には，下記の３つのコツを一緒に活用することが有効である（安梅，2012）。

1. **一人ひとりに何かできることがある**
2. **違いを楽しむ**
3. **集団の力を信じる**

まずは「一人ひとりに何かできることがある」という参加メンバーの自己効力感が必須である。自分への自信がないところに他者の尊重は生まれないからだ。自分をしっかり持つことではじめて，他者を認めることができる。

次いで「他者との違いを楽しむ」こと。多様性こそが，アクションリサーチ発展の源泉である。進化学では，進化は合理的ではなく，不合理の上に合理的なものが重なるものであると報告している。多様性や多義性，もやもや，わけがわからないものの中から，新しい価値や意味のあるものが生まれる。雑多であいまいな世界，一見無駄に見えるものを大切にする必要がある。いわゆる「遊び」や「のりしろ」とも通じる。

そして「仲間と組織の力を信じる」こと。仲間，組織に必要な信頼感とは，個人と個人のつながりに関する信頼感にとどまらない。さまざまな個性を認め，その多様性を包含した集団の力を信頼できることである。

一法として，何らかの役割を一人ひとりに付与することが有効である。たとえば☆☆ネットサポーター（☆☆には地域名，事業ニックネームなど，役割につながる命名を入れる）など，1）他の人びとに役割が伝わるよう「見える化」する，2）厳格に役割を定義せず自分で自由に果たす取り組みや内容を選択できるようにする（役割に選択幅のあるざっくりとした名前をつけるとよい。☆☆サポーターより☆☆ネットサポーターの方が，ネットというあいまい語を入れることで負担感が減り，より参加しやすくなることがある。），3）ゆるいつながり，ゆるい居場所の仲間づくりにつなげる，などである。

　共創型アクションリサーチにおいては，一人ひとりの当事者たちが自分に自信を持ち，さまざまな個性の違いを当たり前のこととして受け止めながら，共にゴールに向かう活動を楽しむ。

　アクションリサーチの活動の中で，参加者が自分には何かできることがあると信じ，それが他者から認められることで，多様な他者を認めることができ，チームワークにつながる。3つのコツをうまく生かしながらアクションリサーチを楽しみたい。

第Ⅱ部　実践編

第6章

みんながしあわせ地域づくり

1節　アクションリサーチのストーリー

　少子高齢社会を迎える中での持続可能な社会の実現において，高齢者のフレイル対策，介護予防対策は喫緊の課題である。各自治体において高齢者への介護予防事業や介入が積極的に展開され，多くの成果が報告されている。厚生労働省は，2025年を目標として地域の包括的な支援・サービス提供体制（地域包括ケアシステム）の構築を推進している（図6-1）。地域包括ケアシステムは高齢者の尊厳の保持と自立生活の支援を目的とし，可能な限り住み慣れた地域で，自分らしい暮らしを人生の最期まで続けることができるような関わりを実現しようとするものである（厚労省WEB1）。同時に，自治体や住民自体が，地域の自主性や主体性に基づき，地域の特性に応じて作り上げていくことが必要とされている。

1. 愛知県飛島村の例

　愛知県飛島村では1991年に「日本一の健康長寿村づくり」をスローガンとして，「日本一健康長寿村研究会」を発足し，現在までの30年近くにわたり，根拠に基づく「多世代コミュニティ・エンパワメントに向けたコホート研究」を継続している（日本一健康長寿村研究会，2011）。

　「日本一健康長寿村研究会」ではすべての住民が「生きる喜び」を共に分かちあう地域づくりを目指している。30年近くの追跡調査による根拠に基づき，

地域包括ケアシステム

○ 団塊の世代が75歳以上となる2025年を目途に，重度な要介護状態となっても住み慣れた地域で自分らしい暮らしを人生の最後まで続けることができるよう，住まい・医療・介護・予防・生活支援が一体的に提供される地域包括ケアシステムの構築を実現していきます。

○ 今後，認知症高齢者の増加が見込まれることから，認知症高齢者の地域での生活を支えるためにも，地域包括ケアシステムの構築が重要です。

○ 人口が横ばいで75歳以上人口が急増する大都市部，75歳以上人口の増加は緩やかだが人口は減少する町村部等，高齢化の進展状況には大きな地域差が生じています。
　地域包括ケアシステムは，保険者である市町村や都道府県が，地域の自主性や主体性に基づき，地域の特性に応じて作り上げていくことが必要です。

図6-1　地域包括ケアシステム（厚労省 WEB1）

　住民のウェルビーイングと健康長寿を実現し，当事者主体のパートナーシップ事業を継続するために，住民，行政，実践，研究が一体となって健康長寿村づくりを推進してきている。具体的には地域の力を引き出すコミュニティ・エンパワメント（安梅，2005）に基づき，住民自身の主体性を重視しながら活動を行っている。成果として健康寿命の延伸，医療費および介護費の抑制，住民満足の向上等の科学的な根拠に基づくサービス提供をねらいとし，高齢者の介護予防事業の充実，各種健診の充実，プールやトレーニングジムを利用した健康づくり教室，幼児・児童への体力向上事業など子どもから高齢者まで全世代の健康維持を目的とした事業が実施されてきた。

　本事業では地域運動支援を要として初期から積極的な取り組みを実施してきている。地域運動支援の取り組みの軌跡として，ニーズ調査などの実態把握，健康づくり事業から始まり，現在は住民が主体となって健康づくりに取り組む「とびしまオリジナル体操」の普及へ発展してきている。「オリジナル体操」の

創作は食生活改善推進員の発案で始まり，スポーツ推進委員を巻き込み，住民代表の核となる母体である住民リーダーを形成した。そのリーダーを主軸として，住民の参画により体操を創作し普及活動を実施しており，これらの取り組みの1つ1つに，住民や専門職の健康づくりと地域に対する思いが込められている。

　また2019年からは継続的地域リハビリテーション事業（トビリハシステム，図6-2）を開始し，これまでのサービスを統合して，切れ目のない事業を完成させた。新しい事業は地域包括ケアシステムにおける5つの要素（図6-3）すべてをつなぎ地域包括ケアシステムを円滑にする働きをなすものである。本稿ではこれらの取り組みについて紹介する。

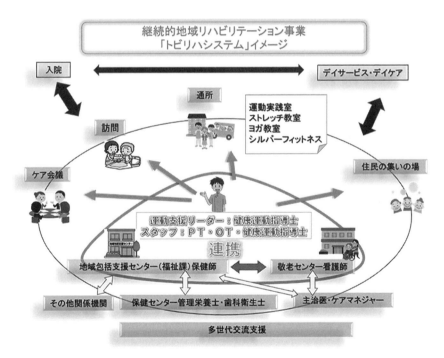

図6-2　飛島型継続的地域リハビリテーション事業「トビリハシステム」イメージ
（奥村，2019）

図6-3　地域包括ケアシステムの5つの要素（厚労省 WEB1)

2. アクションリサーチの計画作成

「エンパワメント・プロセス設計」を活用し，計画（図6-4）を作成した（安梅，2014)。

（1）目標

継続的地域リハビリテーション事業は住み慣れた地域で継続して生き生きとした生活を続けるための事業を目指し，1）誰でも気軽に楽しく参加でき，2）地域特性を活かし，3）既存事業を有効活用し，4）根拠に基づく展開と継続性がある事業とすることを目標とした。また，同時にこれらの事業を継続させるための5）拠点づくりを目標に組み込んだ。

（2）課題

本自治体の強みとして，1）住民，専門職，研究が一体となって取り組んできた長期に及ぶ取り組み成果の蓄積がある。また，2）住民の声を反映しやすい，サービスを調整しやすい，成果を迅速に反映しやすい仕掛けづくりが強みと言える。

課題としては，サービス本来の特性として，1）利用者の心身機能の変動にともないサービスの切れ目ができること，2）多様なサービスを受けることにより機能改善のメニューが提供者間で共有されにくく，機能改善の目的が不明確になる，3）サービス調整の拠点がないこと，が課題としてあげられる。

（3）背景

リハビリテーション事業展開において1）サービス拠点の多様化，2）既存サービスの限界，3）利用者の心身機能の変動への対応，4）サービス拠点が不

④影響要因	②課　題	①目　標
【住民の要因】 1) サービスが多様化して理解しにくい 2) 受け身となりやすい 3) 継続のモチベーションが維持しにくい 【専門職の要因】 1) 連携が不十分 2) 役割が不明確（サービス調整に関する） 3) メニューの共有手段がない 【自治体の要因】 1) サービス調整の拠点がない 2) 情報が十分に提供できていない	【強み】 1) 30年近くの取り組みの成果がある 2) 自治体の規模が小さい ・住民の声が反映しやすい ・サービスが調整しやすい ・成果が迅速に反映される 【課題】 1) サービスが途切れる 2) サービスが共有できない（提供者側） 3) 拠点がない	1) 誰でも，気軽に，楽しく参加できる（事業） 2) 地域特性を生かす（事業） 3) 既存の事業を有効に活用する（事業） 4) 根拠に基づく展開と継続性がある（事業） 5) 事業の拠点を作る

↑↓

③背　景
1) サービス拠点の多様化 2) 既存サービスの限界 3) 利用者の機能の変動への対応 4) サービス拠点が不明確

↑

⑤支援方法	⑥根　拠
1) 運動実践室を拠点としたフレイル対策の体系化 2) 切れ目のないサービスの立案 3) 効果判定とフィードバック	←	1) 30年近く蓄積された経年データ 2) アセスメント（身体機能，精神的側面，社会的側面）にもとづくプログラム立案

図6-4　エンパワメント・プロセス設計

明確，などが背景としてあげられる。

（4）影響要因

　住民の要因としては，1）サービスが多様化して理解しにくい，2）受け身となりやすい，3）継続のモチベーションが維持しにくいなどがあげられる。また，専門職の要因としては，1）連携が不十分，2）サービス調整に関する役割分担が不明確，3）それぞれが実施しているメニューの共有手段がないなどがあげられる。そして自治体の要因としては，1）サービス調整の拠点がない，2）情報が十分に提供できていないなどが影響要因としてあげられる。

（5）支援方法

支援方法として，1）運動実践室を拠点としたフレイル対策の体系化，2）切れ目のないサービスの立案，3）効果判定とフィードバックがあげられる。

（6）根拠

根拠として，1）約30年間蓄積された経年データ，2）住民一人ひとりのアセスメント（身体機能，精神的側面，社会的側面）に基づくプログラム立案があげられる。

2節　アクションリサーチのプロセス

1. 事業開始までの経緯

本自治体では，約30年にわたり，多様な視点から運動支援に関する取り組みを展開し，成果を発信してきている。本事業は，新たに下記課題への対策として提案された。

課題1：支援の切れ目ができる

　例：介護予防事業（運動実践室）を利用していた住民が転倒による骨折で事業への参加が中断することがある。入院して集中的な機能改善を受けて自宅復帰が可能となっても支援が中断して活動量が低下したり，デイケアや運動実践室の機能維持サービスにつながらないケースがある。

課題2：リハビリや運動メニューの共有が困難

　例：介護予防事業やデイケア，病院でのリハビリなど利用するサービスごとにメニューの共有ができておらず，負荷が高すぎる，不十分などがある。

課題3：介護保険サービス利用者の地域とのつながりの減少

　例：サービス利用が中心の生活になり，地域での人との関係性が途絶えたり，社会活動の場に参加しなくなることで地域とのつながりが少なくなる。

これらの課題に対応するために，継続的地域リハビリテーション事業を提案することとなった。本事業は，高齢者の健康運動支援の拠点である「運動実践室」（図6-5）を発展させ，いつでも，誰でも，気軽に，楽しく参加できる，地域特性を生かした，既存の事業を有効に活用する，根拠に基づく展開と継続性を意図する自治体独自の事業である（図6-2参照）。

図6-5　拠点となる運動実践室

2. 継続的地域リハビリテーション事業

　継続的地域リハビリテーション事業の特徴は①多職種での取り組み，②多世代への取り組み，③継続的な取り組み，④当事者主体の4点である。

①多職種での取り組み：保健師，健康運動指導士，看護師，リハビリテーション専門職，ソーシャルワーカーなどの多職種が関与している。
②多世代への取り組み：開始段階ではオリジナル体操を通じて多世代交流を行っているが，それ以外は主に高齢者を対象として，サービスを整備している。今後は，多世代で取り組みが活発になるようなイベントの創設など，きっかけづくりが必要と考えている。
③継続的な取り組み：教室での実施にとどまらず，地域の中で健康に問題のない時期や，予防が必要な時期，治療やリハビリテーションが必要な時期，どの時期でも切れ目なく支援を受けることができる。
④当事者主体：住民自身が自身で課題を見つけて，目標をもち，楽しみながら解決方法を模索し，地域の中で主体的に活動できることを目指している。

3. 継続的地域リハビリテーション事業の流れ
（1）アセスメントおよび目標設定

看護師による面接により，1）～7）を把握する。

---

1) 調査票
   ・基本チェックリスト
   ・社会関連性指標
   ・老健式活動能力指標
2) MMSE
3) 身体状況，受診状況，服薬状況
4) オーラルフレイルスクリーニングテスト
5) 食事調査
6) 主観的健康観
7) 生活全体の目標設定を把握

必要に応じて，保健師や，管理栄養士，歯科衛生士によるアセスメントおよび保健指導を行う。

（2）運動のアセスメントとメニューの決定

健康運動指導士，理学療法士，作業療法士が運動支援スタッフとして1）～4）を行う。

---

1) 運動機能のチェック
2) 体組成測定
3) 運動の目標の設定
4) 運動メニューの提案

また，必要に応じて主治医に運動メニューの許可や禁忌条件の指示を得る。運動は運動実践室を拠点として実施し，状態に応じて自宅でのアセスメントや指導も実施する。定期的に再評価を行い，目標およびメニューの見直しを行う。

4. 実施状況

2019年10月より初期アセスメントを開始し，目標設定とプログラム立案を実施している。日常的に介護予防拠点である運動実践室を利用していない人は参加を促していく必要がある。また，介護保険サービス利用者に対しては，担当ケアマネジャーや利用しているサービス事業所など他職種間の調整などにも課題がある。

3節　アクションリサーチのアウトカム

エンパワメントの8つの要素に基づいた本事業の評価と（安梅，2014），開始にあたる初期アセスメントとしてこれまでの成果を示す。

1. 共感性（empathy）

本事業の継続的地域リハビリテーション事業は，当事者の変化する身体機能に合わせて切れ目のない，多様なプログラムを地域の中で提供することが特色である。変化に対応していくためには，課題や取り組みへの共感性は必須であり，人と人との間にとどまらず，サービス間，サービス提供専門職間の共感性が成果へとつながったといえる。

2. 自己実現性（self-actualization）

本事業では当事者を主役として専門職が領域の垣根を越えて課題を見出し，必要なサービスを連携させ，融合させながら支援を展開している。当事者は状況の変化に合わせて生じた課題を自らの働きかけによって良い方向へと導かれていることを実感し，専門職は自身の専門性が必要とされる領域の多様さを改めて実感し，積み上げてきた専門技術への革新とさらなる発展の必要性を実感することができる。身体機能の維持，生活の維持を実現するための活動は多様であり，課題解決への取り組み，達成，さらなる課題の出現，解決へと継続性がある。それぞれが自己の活動が貢献できる機会があり，実現の実感が得られ，参加者は自ら参加したいと願い，活動にとどまり続けたいと願う仕組みとなっている。

3. 当事者性（inter sectoral）

　本事業は関係するメンバー一人ひとりが，人ごとではなく自分のこととして事業に関わることができている。本事業は自分の立ち位置がわかりやすく，何をしていくべきかが見つかりやすい。自分の役割を見つけ，それを実施しても大丈夫だという安心感があり，間違えてもやり直せるというサポートの体制が明示されている。

4. 参加性（participation）

　本事業は高齢者が「元気で居続ける」ことを目的として当事者と専門職が一体となり活動を展開している。参加性とは，実際にメンバー一人ひとりが，活動に影響を与えていると感じていることの指標であり，本事業では，関わる誰もがメンバーの一員であると実感できる組織づくりを目指している。当事者は課題を家族や専門職と共有し，解決に向けた活動を展開する。取り巻く専門職は状況に合わせて，他の専門職と共同しながら専門性を発揮する。誰かひとりだけが大きな力を持っているわけではなく，みなが協力することで成し遂げられる仕組みが参加性を高めている。

5. 平等性（equity）

　本事業においては，明確なリーダーは存在せず，それぞれの立場から発信していくという点で平等性が保たれている。サービスを提供する側も提供される側も上下ではなく，横のつながりとして共同した活動が継続できる仕組みとなっている。

6. 戦略の多様性（multi strategy）

　本事業では，当事者と，専門職が主なメンバーであるが，専門職は健康運動指導士，看護師，保健師，管理栄養士，理学療法士，作業療法士と多職種で構成されている。それぞれの強みを生かした活動が展開できるように，また連携ができるように情報共有の場を設け，課題や成果を共有できる仕組みが整っている。

7. 可塑性（plasticity）

　本事業は，高齢者の機能の変化という課題の変化に対応するためにできた事業であり，変化への対応は本事業の強みである。可塑性は，メンバーや環境が変化しても，メンバー，活動，目標達成へのプロセスが前向きに形を変化させながらどこまでも対応できることを評価指標とする。必要に応じてサービスの形を変え，課題に適切な支援を展開できる。

8. 発展性（innovation）

　本事業は，高齢者の健康維持に始まり，家族，知人へと広く発展する可能性の高い活動である。1991年から始まった健康づくりの活動は多世代へと発展し，すでに多種多様な活動へと広がっている。2019年に始まった本事業についても，新しい試みという位置付けではなく，約30年間の活動の結果生まれたものであり，そして，それはさらに発展する可能性を十分に持っている。

9. 成果（outocome）

　本成果は，30年近く継続した運動支援フレイル対策継続の効果である（図6-6）。住民の運動習慣が定着し，生活動作の自立割合が高くなっている。
　今後，新しく開始した継続的地域リハビリテーション事業により，地域で元気な生活の継続を実現し，成果を発信する予定である。

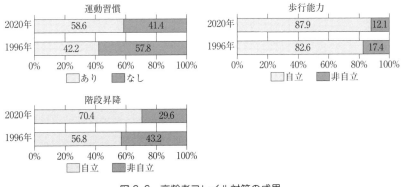

図6-6　高齢者フレイル対策の成果

4節 アクションリサーチにおけるエンパワメントのコツ

1. 目的を明確に

「いつでも」「どこでも」「誰でも」「切れ目なく」元気になる活動ができる。本事業は当事者が元気で居続けたい，元気で地域に生活し続けたいという強い思いが源となっている。専門職や自治体，研究機関が共感し，「元気で居続けたい」という明確な目的を共有し，それぞれの立場で行えることを考え，行動にうつしてきた。ここでいう当事者とは，高齢者であり，それを取り巻く家族や親せき，友人，近所の人すべてであり，支える専門職であり，自治体であり，研究者である。機能が低下した高齢者は機能改善に向けて取り組む，元気な高齢者は介護予防に向けて取り組む，家族や知人はそれを支える，そして時には影響され自らも元気で居続けるための行動を模索する。その中で，保健師は住民の心身の健康化に向けて人間関係の調整等を含め全体のコーディネートをし，運動支援の専門職は運動のメニューを考える，看護の専門職はバイタルサインの管理や体調全般の観察を行う，管理栄養士は運動に必要な栄養管理を行う。自治体は運動が継続できるための整備を行う。「元気で居続けたい」という目標が明確であるからこそ，そこに向かってそれぞれの強みが生かされる。

2. 関係性を楽しむ

エンパワメントは縁パワメントとも言える。本事業ではこれまでバラバラだった事業が連携し，新しい関係性を生み出している。多くのサービスは既存のものであり，「運動実践室」は活動の拠点として多くのサービスの関係性を強化する役割を果たしている。

これまでは運動を行う当事者が中心となってそれぞれのサービスをつないでいた。継続的地域リハビリテーション事業では行政だけではなく地域にある介護保険事業所や近隣病院といった社会資源を活用することで，サービス自体が地域の中で連携している。これによって当事者だけがつなぐサービスではなく，サービス同士が強い関係性をもつことができている。たとえば，施設で受けて

いたリハビリテーションを担当していた理学療法士が自宅での生活の様子を見に来る。高齢者と専門職は生活に必要な機能改善プログラムを作成，共有することができる。また，病院でリハビリテーションを担当していた理学療法士や作業療法士が引き続き運動実践室で運動支援することで病院でのリハビリテーションプログラムを継続し，機能の維持または改善することができる。また，運動実践室に専門職が来ることで，機能改善プログラムだけでなく，予防の視点も加えることができる。それぞれの機関の専門職がそれぞれの拠点を超えて活動することで生まれた人びとやサービスのつながりという新しい関係性は**当事者と専門職それぞれに新たな発見をもたらし，発見は楽しみにつながる。**

3. 共感のネットワーク化

　本事業では既存のサービスを活用し，サービス連携の課題を新しいサービスで補完して，包括化することが強みとなっている。共感のネットワーク化には，定例的な活動と刺激的な新しい活動の意図的な組み合わせが効果的である。これまでのサービスも違った形で場所で参加できることで新しい価値を生み出していく。「元気で居続けたい」という思いへの取り組みが，集中的な「機能改善訓練施設」で，運動拠点である「運動実践室」で，生活空間である「自宅」で，どこでも参加できることで目標の共感が達成でき，多様な結びつきが生まれ，強固な共感のネットワークとなっている。

4. 心地よさの演出

　心地よさを演出するには人間の脳が心地よいと感じるリズムが必要である。本事業では，人が心地よいと感じる，リズムを意識し，当事者，人びと，組織をリズムにより活気づけるために「変化」と「秩序化」の2つに取り組めるように展開している。「変化」は環境の移ろいを敏感に察知し適応することである。本事業では当事者の機能変化，生活変化を敏感に察知し，適切なサービスを提案していくことで元気で居続けるための活動を止めないということを推進している。「変化」の取り組みは，これまでの既存のサービスのみの活用に疑問を持つことから始まる。それが望ましいものであるのか，さらに良いものにしていくためにはどうすればよいのか，当事者や専門職が疑問を感じ，変更の

必要性を判断し，柔軟に修正していくことが求められる。また，「秩序化」は
生み出した適応の方法を秩序化して，より効果的，効率的，拡張的に広げてい
くことである。当事者それぞれに作成されたサービスプランは適切に提供され，
他の事例にも適応可能な方法として拡張されていく。「変化」と「秩序化」の
リズムを美しく響かせることが心地よさの実感へとつながる。

5.　柔軟な参加形態

　本事業の特色は「誰でも」「いつでも」である。「元気で居続ける」という目
的を明確にしつつ，形態を状況に応じて柔軟に変化させることができることが
強みである。

　事業の拠点は「運動実践室」であり，コーディネーター（企画や組織の調整
的な役割を担う人）は基本的に保健師であるが，当事者の状況に合わせて変化
する。運動が主となる場合は健康運動指導士が中心となってサービスを構成し，
栄養に課題があるときには管理栄養士が中心となる。また，家族からの要望
があれば，家族がコーディネーターとなることもありうる。同様に，中核メン
バー（企画や運営に積極的に関わる人），中核メンバー（企画や運営に積極的
に関わる人），活動メンバー（活動に日常的に関わる人），協賛メンバー（関心
のあるときに参加する人），参照メンバー（必要に応じて専門的な情報や技術
を提供する人）も変化し，課題に合わせて参加の状態や役割に柔軟な幅を持た
せる。メンバーはそれぞれの役割を，「いつでも」果たすことができる，とい
う気持ちになれるような環境づくりが重要である。

6.　常に発展に向かう

　本事業ではそれぞれの課題に対応していきながら，そこにとどまらず，未来
に向かって発展を目指し，全住民の元気で居続けるための活動を目指している。
運動実践室から始まった活動が，自宅に持ち帰られ，家族に波及し，近所に波
及し，多世代，地域全体での活動へと発展し続けることが理想である。スモー
ルステップで目的を明確にしながら前へと進んでいく。課題を共有し，解決で
きる，自分たちが解決する，変えていけるという自信，実感をもつことによっ
て，メンバー自身が変化，発展し，共感できる場づくりに努めることが重要で

ある。当事者も専門職も同じ方向の未来，明るい未来を共有し，自分たちで変える，変わる喜びを共有する。

7. 評価の視点

　活動の「価値」を明らかにするためには，評価の視点が重要である。活動の価値の「見える化」は関わる人びとの満足感や症例への見通しにつながる。

　本事業では開始時に初期評価を実施することとしている。定期的に評価を実施する予定であり，当事者や専門職が変化を「見える化」し，継続への動機づけとしていく。さらに，成果を広く発信し，自治体オリジナルの活動を世界に広げていく予定である。評価の視点として，客観的な評価だけでなく，主観的な評価の視点も重要である。

　本事業は，1) いつでも誰でも気軽に楽しく参加できる，2) 地域特性を生かす，3) 既存の事業を有効に活用する，4) 根拠に基づく展開と継続性を意図する，自治体独自の事業である。高齢者自身が主体的な目標を持ち，楽しみながら積極的に事業に取り組み，それを継続することで参加者同志のつながりを作ることができる（安梅，2014）。つながりからは充足感や，他者からの気づきが生まれ，互いに刺激し合い，支えあう存在となる。高齢者にとどまらず，家族や仲間，地域全体に広がり，エンパワメントされる。誰もが当事者であり，支援者であるすばらしい仕組みである。今後も1) 切れ目のない支援，2) 多世代交流の促進（交流機会，集う場所づくり），3) 住民ニーズ把握と反映，4) つながりの仕掛けづくりをキーに，「ご縁キラリ，ほっと安心，みんなが輝く」をスローガンとした地域づくりの成果を発信していく。

誰ひとり取り残さない減災へのアクションリサーチ
：当事者の思いを反映した実践に生きる減災マニュアル作成に向けて

　誰ひとり取り残さない減災に向け，当事者の思いを反映したマニュアルを作成したアクションリサーチ事例を紹介する。

1．当事者を中心とした地域ぐるみの減災の仕掛けによりレジリエンスを高める

　地震，洪水，台風，津波などの自然災害の際，妊産婦，子ども，高齢者などは災害弱者であるが，一見してわかる状況ではないために支援が遅れること，自ら助けを求めることが不得手な場合に支援から取り残されやすいことが課題である。現状改善のために，当事者の思いを反映した減災マニュアル作成に取り組んだ。

　当事者の声を活かすグループインタビューを用いて生の声を集め，コミュニティエンパワメント実現の7つの要素に基づき体系化した。ここでいう当事者とは，乳幼児の保護者，高齢者，障碍者，支援専門職などを指す。

　災害時に乳幼児がいた保護者や妊産婦（益城町），保育所等に勤めていた専門職（石巻市，益城町），過去に伊勢湾台風を経験した地域（飛島村）で当事者の経験や思いを体系化し，マニュアル作成（アクション）につなげた（図コ①-1）。

　このプロジェクトの目標は，当事者を巻き込み，当事者の思いを反映したマニュアル作成を通じて，当事者と地域の災害への理解とレジリエンス（回復力・強靭性）を高めることである。

2．長期的なフォローアップの視点で誰ひとり取り残さない仕組みをつくる

　当事者へのグループインタビューから，「長期的な視点を持ってかかわることの大切さ」「災害前からのかかわりを深めるために，地域に根差した日常的な関係構築が重要であること」が明らかになった。

　たとえば，10年近く支援を継続している専門職は，「被災時に多感な中高生

目標の明確化
- 避難方針と判断を共有
- 当事者の命が守られ，誰ひとり取り残されないことを目指す
- 避難所運営の方針と情報共有により当事者の居場所と支援を確保
- 長期的視点から当事者を支援

当事者参画
- 避難マニュアル作成や避難所運営方針への当事者参画（支援を担う専門職含む）
- 平時からの地域ぐるみの避難訓練や防災活動への参加や企画
- 主体性を取り戻す

ネットワーク化
- 避難，避難所運営，生活再建における連携と地域ネットワーク
- 地域外の専門職や民間団体とのネットワーク
- 平時から切れ目のないつながりづくりの工夫
- 福祉施設と消防の連携
- 自治体と福祉施設の連携

柔軟な参加形態と組織化
- 妊産婦，子ども，高齢者，病気や障碍のある人の居場所づくり
- 子どもの遊びの場づくり，高齢者の居場所づくり
- 遊びボランティア等，さまざまなボランティアの受入れと支援
- 外部の支援者との継続的なつながりの維持

当事者の意見/思いを収集，体系化しマニュアル作成
- 妊産婦，子ども，高齢者など災害弱者をとり取り残さない
- 災害直後〜復興期，平時に分け，中長期的視点でマニュアル作成
- 想定される当事者の問題を具体的に挙げ，予防策を記載

定期的な成果のフィードバック
- 当事者への継続的支援
- 専門職としての選択と行動の支持
- 復興の実感
災害時の長期的影響の懸念
→災害時こそ「命とかかわりの質」を守るための当事者への長期的フォローのしくみが重要

楽しみをもたらす企画
- 親子や高齢者など誰もが楽しめる，ほっとできる機会
- 当事者が心から楽しめる場づくり
- 避難所おとまりなどの企画
→当事者が自分の力を取り戻し，自助，互助促進につながる

発展可能性の継続提示
- 平時からのコミュニティの整備
- 地域特性を踏まえ，自助，互助，共助を促進する工夫
- 日頃の助け合いの中で当事者と地域の力を引き出す
→地域のレジリエンス（回復力・強靭性）を高めるエンパワメントの視点

図コ①-1　当事者の思いを反映させながら体系的マニュアルを作成する工夫

　だった子どもが，現在保護者になり，DVやネグレクトまでではないが，人任せで，うまく保護者になりきれてない様子が見受けられる」と語った。被災時に子どもと保護者のかかわりの質が低下することで，子どもが将来親となる際の困難につながることを強く懸念していた。
　多くの専門職は災害から10年近く経過してもなお，「今災害が起きたらどのように行動するべきか」と苦悩や葛藤の中にいることが明らかになった。マ

ニュアルには子どもと家族，地域住民にとどまらず，専門職も当事者として長
期的なフォローが必要であることを盛り込んだ。

3. 平時からの家庭および地域社会のつながりを大切にし，持続的発展に向かう

減災に向けた取り組みの担い手は，地域に暮らすひとりひとりの住民である。
当事者からは「被災時は移動手段が何もないから歩く体力をつける。自治体だ
けに頼らず，自立しないと」「日ごろから近隣と手伝い合うことが大事」「お祭
りのときに避難所を利用するから場所がわかる」などの工夫が語られた。

地域社会とのつながりは，一朝一夕で構築されるものではない。互いをよく
知らないまま，被災時に突然助け合うのは難しい。互助は，地域に根差した日
常の積み重ねから生まれる**相互理解**や**信頼関係**に基づき醸成される。平時から，
自助，互助，共助の活動を地域特性に合わせて実施し，継続する重要性をマ
ニュアルでは強調した。

グループインタビューより得られた当事者の意見をマニュアルに反映し，改
善につなげるプロセスを当事者と共有した。その結果，個人，組織，地域の課
題に気づき，自ら手引きの改善につなげようとする PDCA サイクルが機能し
た（図コ① -2）。

まさに，当事者主体の協働である**共創型アクションリサーチ**といえる。コミュ

図コ① -2　減災に向けた取り組みの PDCA サイクル

ニティエンパワメントの視点に基づき（図コ①-3），災害にしなやかに対応する
レジリエンスを高め，地域ぐるみの減災に向けさらなる発展が期待される。

④影響要因	②課題	①目標
1) 周囲への助けを頼みにくい環境 2) 想定外の災害時への対応の困難 3) 当事者と専門職，地域の信頼関係 4) 保健福祉施設と自治体の連携 5) 専門職への支援不足 6) 近隣住民と保健福祉施設間の相互理解不足	1) 避難時の困難 2) 避難後に当事者の居場所がない 3) 専門職を含む当事者の不安増大 4) 災害後，子どもの発達への長期的影響 5) 災害後の格差拡大（はさみ状格差）	【大目標】 1) 誰ひとり取り残されない避難と生活再建 2) 当事者と地域のレジリエンス向上 【中目標】 1) 当事者の支援を得る力（受援力）向上 2) 自助，互助，共助が促進されている 3) 平時からのネットワーク，地域との関係性が高まる 【小目標】 1) 当事者の思いがマニュアルに反映される 2) 災害への理解が深まり，自ら減災に取り組む

③背景
1) 多発する自然災害
2) 感染症の流行
3) 少子高齢化，地縁低下
4) 福祉避難所の不足

⑤支援方法
1) 当事者へのグループインタビュー
2) 当事者の声をマニュアルに反映し，当事者参画を促す
3) 避難所マニュアル改訂や避難所運営方針への当事者参画
4) 地域ぐるみの避難訓練や避難所おとまり，消防との連携
5) 自助，互助，共助の活動を地域特性に合わせて平時から継続的に実施する
6) 専門職を含む当事者への継続的支援
7) 避難中から，感染症発生の可能性に対して備える
8) アレルギーや疾患のために必要な食事や薬の準備
9) 高齢者，障碍者の居場所づくり
10) 子どもの遊び場の確保と遊びボランティアなどの準備，居場所づくり

⑥根拠
1) 既存の質的，量的研究
2) FGIから得られた当事者の意見，思い
3) 既存の災害対策マニュアル
4) 仙台防災枠組2015-2030

図コ①-3　エンパワメント・プロセス設計

第7章

誰もが主人公となる人材づくり

1節　アクションリサーチのストーリー

　リサーチというと難しいイメージがあるかもしれない。しかし，地域の健康づくりにおけるアクションリサーチは，保健師等の専門職により，支援の質向上に向け日常的に用いられている手法である。目指す姿に向かって，うまくいかない課題があるとすれば，その課題は何が原因で引き起こされているかを考え，実際にできる方法で改善していくこと，それを住民と協働で続けていくことがアクションリサーチである。住民一人ひとりを含めて，地域全体が健康になるためには，個人の責任だけでは限界がある。関連機関などの集団，地域が各々の役割を認識し，地域全体の力を引き出すコミュニティ・エンパワメント（安梅，2004）に基づいたヘルスプロモーション（ローレンスら，2017）が欠かせない。そして，その過程で，アクションリサーチの手法を用いることは，コミュニティ・エンパワメントを実現させる上で非常に効果的である。持続可能社会に向けて，住民自身が，住んでいる地域で，生涯を通して健康づくりを続けていける仕組みづくりが重要であり，その要になるのが，目指す姿を共有する仲間づくり，人材づくりである。SDGsでは，社会領域の目標3（保健）を，パートナーシップにより実現することに結びつく。本章では，実践例として，茨城県牛久市（以下，牛久市）の取り組みを紹介する。

　牛久市では，自分が健康だと感じている，みんなが生き生きとした生活をおくれていると思えることを最終目標に，各健康指標の分析から，糖尿病，高血

圧予防を主な健康課題としている。背景には高齢化や医療費増加があり，介護予防を見据えた若い世代からの生活習慣予防が課題となっている。運動面の目標として，「週に 2 回自分に合った運動をする」があり，誰でも身近なウォーキングを生活の中に取り入れるきっかけづくりとして，「健康ウオーク」というイベントを毎年実施している。住民ボランティアを中心に，行政や商工会などが協働で実施しており，ウォーキングの楽しさや牛久市の自然や歴史，文化などの魅力を伝えること等を目的としている。運動を中心とした内容であるが，食事面や地域とのつながりなども意識した住民主体の健康づくりを目指した普及啓発事業である。平成 30 年度からはさらに，子どもの参加拡大やウォーキング初心者でもより楽しく安全に参加できる内容へと発展させた。ヘルスプロモーションの人材づくりに向けたエンパワメント・プロセス設計を図 7-1 に示す。

①目標は，これまでの内容は継続しながらも，牛久市の子どもや親世代，ウォーキング初心者が楽しく安全に参加できるという具体的目標を新たに追加し，それを達成するための「人材，ネットワークづくり」とした。②課題は，参加人数の減少や牛久市外の歩ける高齢者の参加が多いなどの具体的課題を解決し，魅力的な企画とするため，これまで以上の「多様な人材や関連機関との協働」があげられた。

③背景としては少子高齢化や医療費増加，組織や機関がそれぞれ活動する実態が考えられた。少子高齢化によるさまざまな変化の中で，各世代の健康課題を限られた資源で解決していくためには，自助，互助，共助，公助の支援に基づき協働する包括的システムが求められており，特に地域特性に合わせた自助や互助の仕組みづくりは重要である（図 7-2）。

④影響要因として，共通の目標に向かって協働する意識，目標達成可能なメンバーや関連機関が参加しているかの連携体制の見直し，キーパーソンの把握などメンバーや組織が機能するための連携方法がある。また，実施体制の影響要因として，コース距離や内容，広報に関することがあげられた。

⑤支援方法としては，「連携（つながり）の強化」を重視した。各担当者への依頼や調整，打合せ，全体会議を開催することなどで，お互いの役割や顔が見える関係づくりを行った。実施体制については，子どもや親世代，ウォーキング初心者を中心とした内容を企画する。これらの⑥根拠には，当事者のや

④影響要因	②課題	①目標
協働に関する意識，連携体制の見直し，キーパーソンの把握等の連携方法（下記は具体的課題への影響要因） 1) コース距離 　距離が長い (12km, 14km) 2) コース内容 　子どもや親世代，初心者が楽しめる 　魅力的な企画 3) 広報 　主な媒体が市の HP，広報紙である	【強み】 多様な人材や関連機関との協働 【課題】 1) 参加人数の減少 2) 参加者の多くが高齢者 3) 牛久市外の参加者の割合が大きい 4) 参加者の多くが同じ顔ぶれ 5) コース距離が長い	人材，ネットワークづくり（下記の具体的目標を共有） 1) 子ども（年中〜小学校2年生）の参加拡大をはかり，幼少期からの運動習慣や親世代の運動を通した健康の維持，増進のためのきっかけづくり（親子が一緒に参加することで，親子のかかわりを深める） 2) 牛久市民の健康づくりを啓発する。 3) 運動習慣づくりのきっかけとなるよう，ウオーキング初心者でも楽しく安全に参加できる内容を意識する。

↑↓

③背景
1) 少子高齢化，医療費増加 2) 組織や機関がそれぞれ活動する実態

⑤支援方法	⑥根拠
連携（つながり）の強化 依頼，調整，打合せ，全体会議などでお互いの役割や顔が見える関係づくり「みて」「つないで」「うごかす」 1) コース距離 　初心者向けの 4km の短いコースを新設 2) コース内容 　初心者向けコースには，目的別に初心者，親子ふれあい，ノルディックの 3 クラスを新設 3) 広報 　子どもの参加を促すため，市の保育園を市キャラクターとまわるなど	1) エンパワメント理論 2) ヘルスプロモーション 3) ポピュレーションアプローチ 4) アクションリサーチ

図 7-1　エンパワメント・プロセス設計

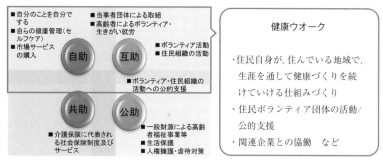

図 7-2　自助・互助・共助・公助の中の位置づけ　（厚労省 WEB1 改変）

る気や力を引き出すエンパワメント理論や地域で住民主体の健康づくりを行い，QOL 向上を目指すヘルスプロモーション，リスクの改善に向けて地域全体に働きかけるポピュレーションアプローチ（厚労省 WEB2），地域という常に発展，変化する複雑な対象の課題を論理的に解決していくアクションリサーチ（Anme, 2019）などがある。

２節　アクションリサーチのプロセス

　図 7-1 の支援設計を進めるにあたり，すべてのプロセスで住民や関係機関と協働した。はじめに課題の抽出と分析，目指す姿の共有を行い，支援方法の立案，健康ウォークの実施につなげた。

1. 課題の抽出と分析

　住民ボランティアからは，健康ウオークがイベントとしてより活発になるように，子どもの参加を望む声が以前からあがっていた。教育委員会を通じて子どもたちへのチラシの配布を促すなどの工夫はしていたが，平成 29 年度の子どもの参加者は数名であった。実施体制や参加者のニーズを把握するため，既存のアンケート結果（杉澤，2019）を分析し，連携会議で共有した。参加人数は平成 25 年度が 507 名であったが，年々減少し，平成 29 年度は 334 名であった。年齢別にみると，平成 29 年度の 60 歳以上の参加者は 83.7%，参加者の住所は，

牛久市内が 45.2％であるのに対し，牛久市外は 54.8％であった。また，平成 29 年度の参加者の 63.8％が 2 回目以上の参加と回答していた。コース距離は，平成 29 年度は，12km と 14km の 2 コースであったが，14km 参加者の 33.7％が長いと回答していた。アンケート結果より，新規の参加者は少なく，牛久市外から 10km 以上歩ける高齢者が継続的に参加している現状が明らかになった。

2. 目指す姿の共有

　平成 30 年度の実施にあたり，目指す姿を共有した。子どもなどの若い世代の参加を増やしたいというニーズはすべてのメンバーに共通していた。しかし，連携会議で意見を出しあうと，住民ボランティアは，歩育（日本ウオーキング協会，2020）の考えのもと，他自治体の事例を参考に長距離の企画を主としていた。一方で，保健センターは，介護予防を見据えた若い世代からの生活習慣予防という地域の健康課題を念頭に，運動習慣のない住民を含めて健康ウオークが運動をするきっかけづくりとなるよう，楽しく，安全に参加できる短い距離の企画もあるとよいと考えていた。このように目標が一致しているようで，所属する集団の目的や立場から，ターゲットやもとになる考えが異なることがある。実施体制や成果にも影響するため，お互いの違いを理解し，今回は，どの目標について協働するのかを明確にしておくことが重要である。議論を進める中で，歩ける人の参加もよいが，できればサポート役に回ってもらい，まずは，子どもや親世代，ウォーキング初心者の新規参加を増やし，健康ウオークを盛り上げること，そのためには，短い距離のコース開発も必要ということで，合意が得られた。

　健康ウオークにはすでにさまざまなメンバーや関連機関と協働をしていたが，目標達成に向けて，魅力的な企画とするためには，さらに多様な人材や関連機関との協働により，人的ネットワークを機能させることが必要であった。

3. 支援方法の立案

　課題や目標について，共通認識が得られたところで，メンバーや関連機関が各々何をするのか，支援方法（行動計画）を検討する。その際に重要となるのが，「みて」，「つないで」，「うごかす」ことである。普段の活動の中で，お互

いの強み，得意なことを知っていることや，地域にどのような人材，社会資源があるのかを把握していることが活きてくる。たとえば，短いコースの開発では，地域のウォーキングに精通した住民ボランティアが中心となり，市の歴史や文化に触れられる安全な 4km のコースを新設した。そのコースを目的別に，初心者，親子ふれあい，ノルディックの 3 クラスに分けた。初心者クラスでは，住民ボランティアの中でも正しいウォーキング方法などの指導経験のあるメンバーが講師役を務めた。親子ふれあいクラスでは，子どもがいる市の職員を中心に子どもがウォーキングを楽しめるように，牛久市に関連する内容のクイズラリーやゲームを取り入れた。また，地域づくりの包括協定を結んでいる民間企業の協力があり，子どもが喜ぶ景品の提供，市内のワイン醸造企業が協賛として，子どもにぶどうジュースの提供を行うなど魅力的な取り組みとなった。ノルディッククラスでは，指導員の資格をもつ地域の靴屋さんに協力を依頼し，ノルディックウォークに使用するポールのレンタルや当日のクラスの運営が可能となった。

　もう 1 点，強化した支援方法が，広報活動である。子どもや親世代が参加したくなる要素は何か，子育て世代の職員等にインタビューを行い，広報政策課の協力を得ながら，内容や周知方法を検討した。チラシのレイアウトや配布先，配布方法，さらに新しい取り組みとして，保育園を市のキャラクターとまわり，楽しく歩くことについて伝えるなどの広報活動を企画した。

4．健康ウオークの実施

　健康ウオーク当日，スタート地点（図 7-3）では，牛久市内の小学生が選手宣誓を行い，住民ボランティアのバンドの生演奏が行われた。コース案内や麦茶の配布などでも住民ボランティアが活躍した。ウォーキングの途中では，参加者同士があいさつをしたり，子どもや親世代，高齢者が自然と交流をしたりする場面がみられた（図 7-4）。週末であったが，牛久市の職員も積極的に参加していた。ゴール地点（図 7-5，7-6）では，牛久市のキャラクターがお出迎えし，記念撮影を行ったり，商工会の協力で，特産品がもれなく当たる抽選会が行われたりした。また，食生活改善推進委員が中心となり，「USHIKU 野菜豚汁」が無料で提供された。野菜のキャラクターは，牛久市内で生産量の多

い野菜1〜15位を食育推進キャラクターとしたUSHIKU野菜オーケストラである。キャラクター名は牛久市内の子ども，デザインは地元出身の美大出身者が考えたもので，健康ウォークをはじめさまざまな場で活躍している。

図7-3　スタート地点（杉澤，2019）

図7-4　各コースの様子（杉澤，2019）

図7-5　ゴール地点（杉澤，2019）

図7-6　ゴール地点のおもてなしコーナー（杉澤，2019）

3 節 アクションリサーチのアウトカム

1. 健康ウオークの具体的目標

　平成 30 年度の健康ウォーク実施後のアンケート結果（杉澤，2019）より，参加者数は，前年度（平成 29 年度）より 74 名増加し 408 名であった（回収率 96.7％）。参加者の年代は，中学生以下が前年度 8 名に対して，73 名と大きく増加した。40 歳代までの若い世代の参加者は，前年度と比較し，13.2％増加した。また，市内からの参加者が前年度より 7.7％増加し，初めて参加する人が 9.8％増加した。

　当日の距離は，4km コースは「ちょうどよかった」と 85.6％が回答した一方で，13km コースは 21.4％が「長かった」と回答した。全体としては，79.8％が「ちょうどよかった」と回答した。前年度は 76.4％が「ちょうどよかった」回答していたため，やや増加した。4km コースは参加者に合っていたが，13km コースは距離や広報など，改善の余地があると考えられた。

　参加者の普段のウォーキング頻度は，前年度は，57.3％が週 2〜3 回以上と回答していたが，平成 30 年度は 44.5％であった。また，4km コースの 50.5％，13km コースの 27.5％が「全くしていない」，「月 1〜2 回」と回答し，定期的にウォーキングをしていない人の参加が増加した。参加者（ウォーキング実施者）の普段のウォーキング時間は，前年度「30 分未満」が 9.5％であったが，平成 30 年度は，4km コース 20.3％，13km コース 12.0％と増加した。参加者（ウォーキング実施者）の普段のウォーキング距離は，「5km 未満」が前年度 22.9％と比較し，平成 30 年度は，4km コースの 50.0％，13km コースの 30.5％と増加した。

　ウォーキングを継続したいと思うか（図 7-7）では，「歩こうと思う」割合が，前年度 61.7％から，平成 30 年度は 67.2％に増加した。特に，4km コースでは 70.3％であった。これまで歩く習慣がなかった人にとって，イベントがよいきっかけとなっていた。来年も参加したいと思うか（図 7-8）では，前年度は 78.0％が「参加したい」と回答したことと比較し，平成 30 年度は 83.2％と増加した。コース別では，13km コースの 88.7％が「参加したい」と回答した

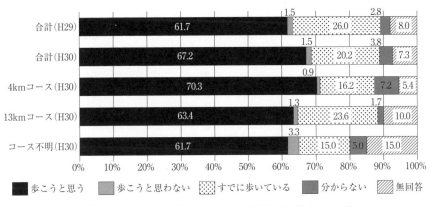

図7-7　ウォーキングを継続したいと思うか？（杉澤，2019）

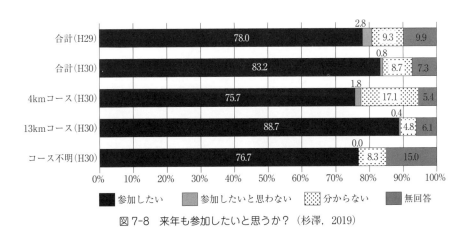

図7-8　来年も参加したいと思うか？（杉澤，2019）

一方で，4km コースは 75.7% であった。全体としての評価は上がったが，課題も残った。4km コース参加者アンケートの自由記載欄を分析すると，スタートの順番などについての記載がみられた。親子連れが子どものペースでゆっくり歩けるように，スタート順を他のコースの後にしたが，待っている間に子どもが飽きてしまったなど，子どもから高齢者まで多世代が同時に参加することへの工夫が今後の課題としてあげられた。

2. 人材，ネットワークづくり

　目指す姿に向かって，課題を解決するためには，これまで以上に多様な人材や関連機関と協働し，人材，ネットワークづくりをする必要があった。健康ウオークを通して，結びついた人材，ネットワークを図7-9に示す。

　住民ボランティアとの協働については，これまでも運動や食事に関する団体のほか，運営をサポートする団体などと協働していたが，今回は子どもや初心者を取り込むという企画の目的に合わせて，さらに多様な団体と協働し，その役割が専門的に細分化した。結果，目標としていた対象が参加，より質の高いプログラムを提供することにつながり，健康ウオークは成功した。住民ボランティアの課題としては，高齢化があげられる。以前は，テント張りなども行っていたが，平成29年度にけが人が出て，高齢化した市民ボランティアを中心に大きなイベントを行うことには限界がみられる。地区単位などの規模の調整や若い世代の協力が得られるような新たなネットワーク構築を検討する必要が

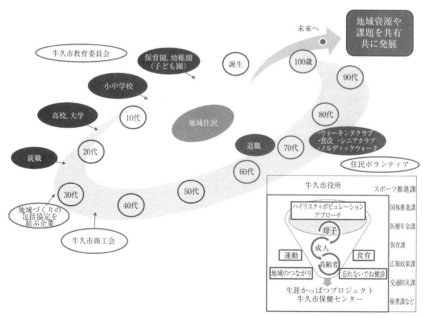

図7-9　住民主体で健康づくりのもとにつながる　多世代多領域包括ネットワーク
　　　（杉澤，2019を一部改変）

ある。

　民間企業や商工会との新たな協働は，地域の活性化や住民が参加したいと思う魅力的な内容，参加後の満足度を向上させる上で効果的であった。また，教育委員会など関連機関への依頼の工夫として，企画に賛同した住民や関係者と共に行うことで，その後の流れがスムーズであった。

　保健センターをはじめとする市役所内でも多くの関連部署が協働した。健康ウオークのようなイベントを機会に横のつながりをもつことは，今後，住民へのさまざまな行政サービスの質の向上にもつながる。また，保健センターにおいて，住民主体の健康な地域づくりを行う上では，ハイリスクアプローチに加えて，ポピュレーションアプローチと組み合わせることが欠かせない。今回のような多世代多領域が混ざりあうようなアプローチは，地域のさまざまな課題を結びつけて解決する上で有効である。

　地域保健の分野では，年代別にみると，60歳代以上の退職後の高齢者との接点が多いが，今回は子どもや親世代とつながることができた。子どもが誕生した時には母子保健として関わりがあるが，その後，若い世代と地域との接点は徐々に減少する。学校保健や職域保健の分野である。今後は，ライフサイクルの中で，若い世代と地域との接点をどう創っていくのかが課題になる。

4節　アクションリサーチにおけるエンパワメントのコツ

　人材，ネットワークづくりのエンパワメントのコツを対象の種類別に，セルフ・エンパワメント，ピア・エンパワメント，コミュニティ・エンパワメントの3つにまとめた。

1.　セルフ・エンパワメント

　今回の健康ウオークでは，運動や食事などをはじめ健康づくりのノウハウがある住民は，自分自身も参加し，楽しみながらも，子どもや初めて参加する人たちのサポートをする役割を担っていた。この楽しむ，ノウハウを他者に教える，伝える，役割を担うということがセルフ・エンパワメントのコツである。参加を通して，満足感や意味が感じられ，その人自身が成長する。住民一人ひ

とりが活躍することで，ひいては地域全体が成長する，健康になることに結びつく。

2.　ピア・エンパワメント

　ピア・エンパワメントのコツは，連携（つながり）を強化するために，依頼や調整，打合せ，会議などで，お互いの役割や顔が見える関係づくりの場を設けることである。また，お互いの力を引き出しあうために普段からの信頼関係や意見を尊重するなどの対等な関係が重要である。そして，目的や目標を共有し，課題解決をする上で，アクションリサーチの手法が役に立つ。課題を明らかにし，その課題は何が原因で引き起こされているかを考え，実際にできる方法で改善していくこと，それを住民と協働で続けていく技術が必要となる。

3.　コミュニティ・エンパワメント

　日常では，同業，同種など同質のつながりで活動をしていても，時に，地域で共有する課題がある場合，課題解決に向けて，多様な人材や組織と協働することが，コミュニティ・エンパワメントのコツである。これまでの状況をよい方向に変えて，成果を出すことにつながるからである。たて，よこ，さまざま仲間たちでつながる協働の意識をもつことは，住民のみならず，地域の健康づくりを支援する専門職にとっても必要である。また，少子高齢社会へと変化し，住民のつながり方，地域のあり方も変化している。地域全体の力を引き出す持続可能なネットワークづくりに向けて，今回の事例のように健康づくりを切り口として，多世代多領域が混ざりあうことは，今後の新しい地域のつながり方を考えるヒントとなるだろう。

第8章 イノベーションを育む組織づくり

1節　アクションリサーチのストーリー

1. 実践概要

　ケアの質や安全性の向上，ニーズの複雑化に対応するため，イノベーションを育む組織づくりに向けた多職種連携（WHO, 2010）の重要性が高まっている。国連の持続可能な開発目標　SDGs では保健領域は目標 3「あらゆる年齢のすべての人びとの健康的な生活を確保し，福祉を推進する」に掲げられている。複雑化する医療，福祉ニーズに多様な専門性を持つ多職種が協働することで，持続可能で多様な社会の実現に近づく。アクションリサーチは，当事者である多職種の専門職，利用者などと共にケアの質向上や業務改善を推進することで，さらに質の高い実践につなげる手法のひとつである。

　本章では，社会福祉法人芳香会で実施した多職種協働によるロボット導入アクションリサーチを紹介する。労働環境の改善や質の高いケアの提供に向け，1)課題の抽出，2)導入計画の策定，3)ロボット導入，4)効果測定，のすべての過程において，多職種で構成されるピア組織とメンバーが中核となり，当事者が自ら意思決定をしながら遂行するアクションリサーチである。

2. エンパワメント・プロセス設計

　はじめにエンパワメント・プロセス設計を描き，目標，課題，支援方法を明らかにした（図 8-1 参照）。

④影響要因	②課　題	①目　標
1) 多職種や多施設をつなぐピア組織の設立 2) 身体負荷の高い業務特性 3) 常に質の高いケアの提供が求められる 職業的な倫理	【強み】 1) 多職種の連携や実践知の交換が容易な環境 2) 法人内で高齢，障害，保育に関わる入所，通所型のサービスを提供 3) 法人内に研究所を創設した 【課題】 1) 多職種，多施設をつなぐネットワークの乏しさ 2) ケアの質のさらなる向上 3) 介護職の身体負荷が高く，職場環境の改善の必要性	【大目標】 1) 地域社会における支援の担い手となること 2) コミュニティエンパワメントの実現 【小目標】 1) 利用者に提供するケアの質の向上 - 利用者の生活の質，幸福感の向上 - 利用者や家族のケアの満足度の向上 - 安全で快適なケアの提供 - 業務効率化による専門職の対利用者の支援時間の拡大 - ロボット導入に伴う職員の成長 2) すべての職員の職場環境の改善 - 職員の腰痛予防や身体，精神的ケア - 業務効率化 - 多職種連携のつながりの強化 3) 地域貢献事業の展開 - ロボットによる福祉の魅力を知るきっかけづくり - 地球環境に配慮した介護実践の創造

→ 　 ↑↓

③背　景
1) 社会構造の変化（超高齢化） 2) 介護需要の激増 3) 介護職の離職率の増加 4) 福祉ニーズの多様化，複雑化 5) IoT，AI技術の進化

→ 　 ↑↓

⑤支援方法	⑥根　拠
1) 多職種の強みを生かすピアエンパワメント組織の立ち上げ 2) 多職種協働によるロボット導入	1) 社会福祉法 2) ロボット新戦略

←

図8-1　エンパワメント・プロセス設計

（1）目標

　大目標として，1 地域社会における支援の担い手となること（全国社会福祉法人経営者協議会，2016），2 コミュニティ・エンパワメントの実現，の 2 点を設定した。次いで，具体的に達成する小目標として，1)利用者に提供するケアの質の向上，2)すべての職員の職場環境の改善，3)地域貢献事業の展開を組み込んだ。

（2）課題

①強み：高い専門性を持つ多職種の存在

　多職種の連携や実践知の交換が容易な環境であることが最大の強みとしてあげられる。相談員，介護士，看護師，理学療法士，作業療法士，保育士等の多職種が在籍しており，高齢，障害，保育分野において入所，通所型のサービスを提供している。また，法人内に研究所を創設し，評価手法等に関する助言が得られる環境を構築した。

②課題：多職種，多施設をつなぐネットワークの乏しさ

　各施設で専門職がケアを提供する強みを持つ一方，多職種や施設間をつなぐネットワークが薄く，強みを十分に活かしきれていない。また，ケアの質の向上や，介護職の身体負荷が高く，職場環境の改善が必要である点が課題である。

（3）背景

　背景として，少子高齢化，介護需要の激増，介護士等の離職率の増加，ニーズの多様化と複雑化があげられる。また近年，AI や IoT を用いたロボットが盛んに開発され，実践評価の段階に移っている。

（4）影響要因

　多職種や多施設をつなぐピア組織の設立により多職種協働が強化され，ケアの質の向上や活動の発展に資すると考えた。また，身体負荷が高いなどの業務特性や，常に質の高いケアの提供が求められる職業的な倫理が影響要因としてあげられる。

（5）支援方法

①多職種の強みを生かすピア・エンパワメント組織の立ち上げ

　多職種同士で相談や情報交換ができるピア・エンパワメント組織を設立した。ピア組織を中核とし，ロボット導入や評価，成果発表等の活動を展開した。

②多職種協働によるロボット導入

　利用者のケアへの満足度の向上や介護職の身体負荷の軽減等を目的に，多職種協働によりロボットを導入した。業務で一定期間ロボットを使用した後，導入プロセスや効果測定を行った。さらに，地域貢献事業でロボットを活用するなど，ロボットの新たな活用方策を模索した。

2節　アクションリサーチのプロセス

　はじめに多職種協働の土台となるピア組織を設立し，ピア・エンパワメントの仕組みづくりを行った。ピア組織によりメンバーのネットワーク化を図るとともに，異なる専門性や価値観を持つ当事者が共に高めあう，**セルフ・エンパワメント，ピア・エンパワメントの相乗効果**をねらいとした。

1. 多職種協働に向けたピア・エンパワメントの仕組みづくり

　多職種（相談員，介護士，看護師，理学療法士，作業療法士，保育士等）で構成されるピア・エンパワメント組織「イノベーション委員会」を設置した。イノベーション委員会は，下記のような**発展段階**（17頁参照）を経て展開した。

（1）ピア・エンパワメント組織の立ち上げ（創造期）

　「創造期」ではイノベーション委員会の活動の構想を練り，活動の目指すべき姿を描き出した。具体的には，委員会の機能や役割を決定し，専門性をふまえて多施設，多職種から構成されるチームを編成した。また，メンバーがロボットを展示する機器展や研修会等に参加し，ロボットに関する情報収集を行った。

（2）ピア・エンパワメント組織の活動開始（適応期）

　方向性と手法の青写真を描いた後，ピア・エンパワメント組織の活動を開始した。主な活動として，終業後にメンバーで集い定期的にミーティングを行った。各チームでの取り組みや現状，導入計画等を共有しながら各々の専門性から意見交換を行い，成功事例やコツなどを共有した。活動は，持続可能な形で継続し，数年をかけて活動や関係性が定常化する維持段階へ至った。

（3）課題の抽出（維持期）

　利用者や専門職など当事者が導入の効果を実感する中で，活動の改善点や課題を明らかにした。現状の把握と課題の抽出に向け，ロボット導入に関する実態調査と課題の整理を行った。評価方法は，メンバーがそれぞれの専門分野で用いる評価指標等について情報交換するとともに，研究所に所属するメンバーが必要時に助言を行った。

（4）評価や課題に応じたさらなる活動の発展（発展期）

　抽出した課題をもとに当事者がロボットを使いやすいよう使用ルールの改定を行い，より活用しやすい環境づくりを目指した。さらに，実践成果をメンバーがとりまとめて学会や機器展等で発表するなど，外部へ成果の発信を行った。また，ロボット自体の使い勝手や耐久性などの意見を整理し，ロボット開発企業へ提供した。

2. 多職種協働によるロボット導入と当事者を巻き込む仕掛けづくり

　ピア・エンパワメント組織を中核に，多職種協働により各施設にロボットを導入した。ロボット導入は，イノベーション委員会のメンバーにとどまらず，すべての職員と利用者を当事者として巻き込みながら活動を進めた。

（1）ロボット導入に向けた準備（創造期）

　創造期では，課題の抽出，機器選定のための情報収集，販売企業や助成金の調整，実践での使用デモンストレーションの実施など，情報収集と調整を行った。当事者意識を高めるため，ロボットの現物を用いた講習を行うなど，なるべく多くの当事者が実際にロボットに触れることができるよう工夫した（図8-2参照）。

図8-2 デモンストレーション講習等の様子

　下図はイノベーション委員会で実際にメンバーが作成した介護者用装着型身体アシストスーツの導入プロセスである（図8-3）。導入開始前に，理学療法士と介護福祉士が協働して導入から評価までの道筋を描いた。アクションリサーチは，常に環境の変化に柔軟に対応する機敏さが必要である。しかし評価までの道筋をメンバー自らがあらかじめ作成することで，主軸が大幅にそれることなく活動を進めることができた。

項目		10月	11月	12月	1月	2月	3月	4月	5月	6月	7月	8月	9月	10月	11月	12月	1月	2月	3月	備考
情報収取	開発企業視察(7月)																			
	使用デモンストレーション(8月)																			
	福祉機器展	↔																		
	文献・資料	↔		↔																
	腰痛問診票実数調査	↔																		
選定	対象者(管理者・使用者)	↔																		
	評価シート	↔																		
導入準備	管理者講習	↔																		
	安全使用講習					↔														
介入	ロボット機器の導入				↔															
	効果測定(疲労感/痛み等)				↔															
	効果測定(アンケート)					↔														
効果	データ分析					↔														
	報告書作成					↔														
	(学会発表①)												↔							
	(学会発表②)															↔				

図8-3　メンバーが作成した実際の導入スケジュール

（2）ロボット導入の開始（適応期）

　適応期では，ロボットを実際に導入した（図8-4）。まずロボットの使用に慣れることを重視しながらも，導入評価など次の展開に目を向け，導入前評価や使用した職員による日報等，日々の業務で評価のための記録を行った。

図8-4　アザラシ型ロボット使用の様子

表8-1　本事例におけるロボット導入に関する評価測定例

使用機器	評価指標
アザラシ型ロボット	・唾液アミラーゼによるストレス評価 ・日報等による職員の観察データ評価（易怒，笑顔，発語回数） ・認知症高齢者への行動観察尺度 ・職員への癒し効果（バーンアウト）
介護者用装着型身体アシストロボット・移乗用リフト	・質問紙による身体負荷や腰痛，労働意欲に関する介入前後評価 ・日報，週報等からの記述データ（使いやすさ，機器の扱いの習熟度等）
床清掃ロボット	・専門職の対利用者に費やす時間の向上
全体評価	・フォーカスグループインタビューによる個人，ピア，組織エンパワメント効果の評価

（3）評価による効果の見える化と新たな活用例の模索（維持期）

　維持期では，効果検証と新たな活用方法の展開に向け，ロボット導入の効果測定を行った。評価方法は導入前から検討を行い，メンバーが学会や機器展示会に参加し情報収集するとともに，多様な専門領域のメンバー参加の強みを活かしたイノベーション委員会での議論により評価方法を決定した（表8-1参照）。

　また，数値で表される客観的な評価に加え，フォーカス・グループインタビューを行い，個人や施設，全体への効果を評価した（佐野ら，2018）。フォーカス・グループインタビューは，少人数（4〜10人程度）のグループで参加者が意見を交わしながら議論を深める研究手法である。イノベーション委員会のメンバーを参加者として，インタビューを行った。このようにいくつかの評価の方法論を用いる**トライアンギュレーション**（Denzin, 1970）を行うことで，量的に評価できない潜在的な効果を評価することが可能となる。当事者がインタビューの中で実践を整理し言語化することで，自分たちの成長や見えていなかった効果，ロボットの新しい使い道など，自らの発言を通して新しい気づきを得るエンパワメント効果が生まれた。

（4）導入評価に基づく新たな活用の展開（発展期）

　ロボット導入効果にとどまらず，日々の業務での工夫など，活用をさらに展開するための生の声が多数あがった。これらから，ロボットを使いやすくする

仕掛けづくりや新しい使い道の模索など，活動の発展段階へと移行した。地域
に開かれた啓発活動を行うなど，さらに地域に貢献する新たなロボット活用の
輪が広がった。

3節　アクションリサーチのアウトカム

1. イノベーションを育む組織づくりの成果

　イノベーション委員会の活動を中核に，多数のロボットを導入してきた。こ
れまで導入したロボットや業務省力機器は，リフト，動物型ロボット，コミュ
ニケーションロボット，介護者用装着型身体アシストスーツの他に，掃除機器
や生ゴミ処理機など多岐にわたり，90件近くの機器を導入した（令和2年度
時点，表8-2参照）。機器の導入により，利用者のケアの質向上や軽労化にと
どまらず，障害者雇用環境の改善や園児への環境教育等，多数の波及効果が得
られた。また，ショッピングモールで行った出張相談会でのアザラシ型ロボッ
トの活用や，次世代を担う若者（中等教育学校）への啓発セミナーの開催での
ロボット使用体験など，地域への貢献として啓発活動を行った。

表8-2　イノベーションを育む組織づくりの成果例

施設	導入物	導入成果
デイサービスセンター	コミュニケーションロボット	利用者の満足度，ケアの質向上
特別養護老人ホーム	介護者用装着型身体アシストスーツ	腰痛予防，軽労化
	おしぼり機	環境問題対策
	業務用床洗浄機	業務省力化・障害者雇用環境の改善
重症心身障害児(者)施設	介護者用装着型身体アシストロボット	腰痛予防，軽労化
	移乗用リフト	腰痛予防，軽労化
	電動運搬車	業務省力化・障害者雇用環境の改善
障害者支援施設	アザラシ型ロボット	利用者の生活の質，ケアの質向上
	犬型ロボット	利用者の生活の質，ケアの質向上
	ベッド据え置き型リフト	腰痛予防，軽労化
	節電機器	環境問題対策
保育所	おしぼり機	環境問題対策
	生ゴミ処理機	環境問題対策

2. ロボット導入効果と見える化

　ロボット導入の効果として，特別養護老人ホームで行った介護者用装着型身体アシストスーツの評価の一部を紹介する。

介護者用装着型身体アシストスーツの着用による軽労効果

　介護者用装着型身体アシストスーツの介助作業による腰部負担軽減や疲労感を評価したところ，介助作業による腰の負担が「非常に軽減した」（8名，44.4%），「軽減した」（7名，38.9%），「やや軽減した」（1名，5.6%）と腰部への主観的な負担軽減がみられた。また，作業後の疲労感についても「軽減した」（7名，38.9%），「やや軽減した」（5名，27.8%）と主観的な疲労感が軽減していた。その他，介助作業時の足のふらつきや腕，膝への負担についても一定の改善がみられた。一方，改善がみられなかった職員もおり，性別や身体的特徴などの個人の特性によって軽減効果に違いがあるのか明らかにしていく必要がある。

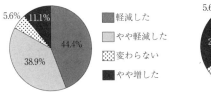

図 8-5　介助作業による腰の負担

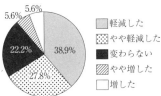

図 8-6　介助による疲労感

　また，主にロボットが使用されたのは，体位変換，移乗介助，前傾保持時であった。排泄介助は，オムツ交換やトイレ介助で第4回目調査ではいずれも使用者が増えており，使用期間にともない使用範囲が広がったことが伺える（図 8-7）。

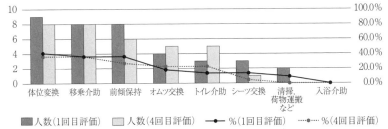

図 8-7　装着型身体アシストスーツの着用場面別使用人数の変化

4節　アクションリサーチにおけるエンパワメントのコツ

　本事例でのエンパワメントに向けたアクションリサーチのコツをセルフ，ピア，コミュニティ・エンパワメントに分けてまとめた。

1.　セルフ・エンパワメント

　本アクションリサーチでは，多様な価値観を持つ専門職たちが，日々の実践の中での思いや価値観，課題に目を向け，同じ目標を共有しながらお互いに高めあう**セルフ・エンパワメントとピア・エンパワメントの相乗の仕掛けづくり**を行った。共感し学び合える仲間がいることで，セルフ・エンパワメントがピア・エンパワメントと相まってさらに促進する。一人ひとりを巻き込むとともに，ピア・エンパワメントと連動させる仕掛けづくりがセルフ・エンパワメントのコツである。

2.　ピア・エンパワメント

　多くの組織では，組織内のネットワークが存在し，共感や価値観を共有しながら関係性が発展していく。今回は，個々の組織の枠を超えて横につながるピア・エンパワメント組織を設立することで，普段顔を合わせることのない当事者と「共に楽しむ」機会を得ることになった。さらに，お互いの疑問点や経験を共有していく中で，メンバー間の親密なつながりが生まれ，共感のネットワーク化が促進された。当事者同士が共にプロセスを楽しめること，当事者同士の共感のネットワーク化をつむぐ仕掛けづくりがピア・エンパワメントのコツである。

3.　コミュニティ・エンパワメント

　環境の変化に柔軟に対応しながら活動の全体像を捉えることが，アクションリサーチにおけるコミュニティ・エンパワメントのコツである。本アクションリサーチは，ピア・エンパワメント組織を中核として開始した。その後，各施設でロボット導入のノウハウが蓄積され，新たな次のメンバーが育成された

ため，各施設を中心とした活動へと移行した。現在は中長期の取り組みによる**コミュニティ・エンパワメントの実現**と新たな発展の段階を迎えている。その時々の状況と発展段階に応じて，参加者，時期，実施形態を変化させ，しなやかに活動していくことが持続可能性の鍵である。

　多職種による多様性のあるピア・エンパワメント組織を核に，セルフ，ピア・エンパワメントの相乗効果を発揮しながら活動した。その結果，コミュニティ・エンパワメントが実現し，10 年近く質の高いケアに向けたアクションリサーチを継続することができた。アクションリサーチは，実践の課題や思いを汲み上げ，当事者が協働して目標を達成する科学的な手法である。イノベーションを育む組織づくりに向けたアクションリサーチにおいては，**セルフ，ピア，コミュニティ・エンパワメントの相乗効果を促す戦略を見える化すること**が効果的である。

第9章 仲間と支えあう認知症予防の仕掛けづくり

1節　アクションリサーチのストーリー

1. アクションリサーチに到達するまでの道筋

（1）認知症者を取り巻く社会

　日本の老年人口は増加を続け，2018年においては高齢化率28.1％で約3.5人に1人が高齢者であるが，2036年には3人に1人，2065年には2.6人に1人が高齢者になると推計されている（国立社会保障・人口問題研究所，2017）。高齢化にともなって認知症者の増加も進んでおり，2025年には約700万人に達する（内閣府，2018）。わが国の世帯構造は，三世代同居世帯の減少，高齢者世帯の増加で，高齢者夫婦世帯や，単独世帯が多数を占めるようになった（厚生労働省，2015）。このような背景をもとに，老老介護や認認介護（認知症者が認知症者を介護すること）を生じ，家族介護者の介護負担感が増えている現状がある。

　日本には，介護保険制度という公的支援サービスが確立している。しかし，介護保険サービスだけでは，きめの細かい支援には限界があるといわれる。認知症者がなじみの地域で自分らしく暮らしていくためには，臨機応変に対応ができるボランティアや近所の人などインフォーマルなサポートが望まれている。

（2）認知症について

　認知症への考え方はこの15年の間で大きく変革し，それは認知症の名称がかつては「呆け」といわれていたものが，「痴呆」に変わり，2004年に現在の

名称である「認知症」へと変更された（厚生労働省，2004）ことからも示されている。呆けや痴呆にはその示す漢字に侮蔑的な意味があり，認知症の人への尊厳や人としての敬意が表されないというのが変更の理由である。認知症を病気として捉え，認知症になっても人としての尊厳が保たれ，地域で生活ができる社会を目指す動きの中，名称変更が先行した形である。それまでは認知症に対する根強い偏見が存在し，認知症は主に脳機能障害の側面から「認知症になると本人は何もわからなくなる」と捉えられていた。2000 年代後半から「認知症でも感情は豊かに残っている」，「ケアの質によって認知症の人たちの状況は変化する」という報告（水野，2011）が示され始め，高齢者介護研究会報告書「2015 年の高齢者介護」（厚生労働省）は，認知症ケアの基本を尊厳の保持に据え，高齢者のそれまでの生活や個性を尊重しながら，生活そのものをケアとして組み立てていく新しいアプローチの方向性を示した。認知症者支援の考え方は，「治療」から「共に歩む」へと変化した。

（3）認知症者の生活における困難感

　地域で生活する認知症者の日常生活支援についての先行研究では，もっとも困ることの1つとして買い物・金銭管理がある。認知症者が買い物中に見失われたり，大量に品物を買っていたりする。しかし，認知症があってもできることがある。それは，買い物時の常識的なマナーが守れ，概ね買いたい物の意思表示ができることである。お店の人や，近くで買い物をしている人のちょっとした声かけや見守りで，認知症の人も買い物を楽しむことができるのである。買い物だけでなく，ごみ出し・差し入れ，安否確認など生活の困り具合に則した「身近なサポート」が認知症者にとって支えとなり，住み慣れた地域で，自分らしく過ごしていくことに役に立つのである。

（4）認知症者への支援対策

　高齢者の認知症対策として厚生労働省は 2005 年から，認知症を知り地域をつくる 10 か年キャンペーンを展開した。その中で，一般の住民を対象とした認知症理解への啓発を草の根レベルより広げていこうという取り組みがなされ，認知症サポーターの養成がはじまった。キャンペーンは全国に広がり，2005 年からわずか 4 年後の 2009 年には 100 万人を超える認知症サポーターが誕生した。13 年を経た 2018 年 3 月には，その数は 1,000 万人を超えた。さらに，

厚生労働省は，2013 年から認知症施策推進 5 か年計画（オレンジプラン）を
スタートさせ，その 2 年後，今後のさらなる認知症者の増大を見据え，オレン
ジプランの修正版である新オレンジプランを開始した。

（5）認知症サポーター

　都道府県，市町村等の自治体，あるいは全国的な職域組織や企業等の団体が
主催する認知症サポーター養成講座を修了した人（図 9-1 参照）。認知症につ
いての正しい知識を習得し，認知症の人や家族を自分のできる範囲で温かく見
守り，応援し支えていく人。たとえ認知症になっても周囲の理解や気遣い，適
切な医療と介護の連携があれば，住み慣れた家や地域での生活が可能であるた
め，認知症の人やその家族の気持ちを理解しようと努めることも大切な役割と
している（日本認知症ケア学会，2016）。

（6）認知症サポーター活動の課題

　新オレンジプランにより，認知症サポーターへの期待は高まった。病気の理
解と啓発だけではなく，できる範囲で積極的な認知症サポーター活動を推奨し
始めたのである。しかし，地域で活動する認知症サポーターの活動割合は低い
ことが指摘されている（荒川ら，2016）。今後の認知症サポーター養成におけ
る課題は，認知症の人への理解を基盤として，認知症サポーターが地域のさま
ざまな場面で活躍できるようになることである。

　認知症サポーターを対象に，活動していない理由を記述回答によって求めた
調査結果では，「認知症の人との出会いがなかった」，「活動のためのきっかけ

認知症サポーターの活動例（Mさんの体験）	Mさんの対応を振り返って
朝6時半頃、Mさんが庭木の手入れをしていたところ、パジャマ姿で、家の前を早足で歩いて行く人（Aさん）がいた。チラチラこちらを見ながら歩いていたのと、足の運びが少しぎこちなかったので声をかけた。 M：「どこに行くんですか？」 A：声をかけたらホッとした様子で「警察」と答えた。さらに、「今自宅に泥棒が入っているから家を出てきた」と言われた。 M：「あら大変ですね」と返し、Aさんに警察の場所を教えた。そして、先回りして警察にAさんのことを伝えた。 M：Aさんが無事に警察の人に会えるように見守った	● 何かおかしいな？という気づき ● 声をかける ● 「大変ですね」という共感の気持ちを示した ● 警察など関連する機関へつなげた

図 9-1　認知症サポーター活動例

がなかった」,「活動に費やす時間がなかった」,「認知症サポーターとしてもう少し学びが必要」という理由が報告された。中でも「認知症の人がいなかった」は,認知症の人との関わり経験がない認知症サポーターが支援の必要な認知症の人を把握することが難しく,対象がいなかったと捉える傾向があることがわかった。

2．プロジェクトの目的

　地域で生活する多様な人びとが共に生きていく社会,それは認知症の人でも,認知症のない人でも同じである。自分が「認知症になっても大丈夫」だと思える社会を創りたいと思う。その基盤を支えていくのは,私たち一人ひとりで,認知症サポーターなのである。

　まだまだ認知症の人への理解は十分ではなく,認知症サポーターの活動を活性化するために介護体験学習プログラムを使用したアクションリサーチを実施することになった。これは,認知症の人と接したことがない人がデイサービスセンターを訪ねて,認知症の人とお話をするという体験である。このアクションリサーチの目的は,認知症の人への理解をさらに深めて,認知症の人や家族への支援に携わる認知症サポーターをエンパワメントすることである。本プロジェクトは,SDGsの目標3「すべての人に健康と福祉を」に取り組んでいる。

3．プロジェクトの意図

　認知症サポーター活動は,インフォーマルサポートで,地域住民が自発的に行う活動である。人から強制されるのではなく自分から何かできることはないかという,主体的,社会的,無償的,創造的な活動である。

　認知症は治療法が確立されている疾病ではないが,初期の状態で診断されれば,発症や進行を遅らせることができる。しかし,多様な症状を呈し,早期診断が遅れる場合がある。また,自覚症状があっても診断への恐れから受診が進まない場合もある。認知症サポーターという地域の中で身近に相談できる人がいることは,当事者にとって心強いことである。また,認知症が進んでいく過程においても,その不安感や恐れに対して,傾聴や適切な機関へつないでいく存在になり得るのである（図9-2参照）。

④影響要因		②課題		①目標
認知症の人の要因 1) 多様な症状を呈する 2) 新しく出会う人とのかかわりが苦手 3) 新しい環境に馴染みにくい 4) 家族を大切にする傾向がある **家族介護者の要因** 1) 介護を抱え込んでしまう 2) 家族だけで何とかしようとする **認知症サポーターの要因** 1) 認知症の人とかかわった経験が少ない 2) 認知症の人かどうか見極められない 3) 手助けするきっかけがない 4) 支援に費やす時間がない 5) 認知症サポーターとしてもう少し学びが必要 6) 認知症の人とどのようにかかわってよいかわからない	→	【強み】 1) 支援活動への意欲のある認知症サポーターが存在している 2) 全国で1,000万人以上の認知症サポーターが養成されている 【課題】 1) 認知症サポーター活動が活性化されない 2) 地域での身近な支援活動が行われない 3) 家族介護者の介護負担感が増大する 4) 認知症の人・家族のQOLが低下する	→	1) 認知症サポーターが，地域で生活する認知症の人と家族への身近な支援活動ができる 2) 認知症の人と家族が住み慣れた地域で，継続して生活できる

↑↓

③背景
1) 高齢社会，独居・高齢者世帯の増加 2) 地域で生活する認知症の人が増加 3) 介護者の高齢化 4) 介護保険制度，地域包括支援センターなど相談機関が整っている 5) 認知症カフェが増えている

↑

⑤支援方法		⑥根拠
認知症サポーターへの支援 ＜体験学習の推奨＞ 1) 認知症の人との対話経験 2) 認知症についての正しい知識を深める 3) 支援の必要な認知症の人の対象理解をする ＜きっかけづくり＞ 認知症の人と家族が認知症サポーターと出会う場をつくる（認知症カフェなど） ＜活動意欲を高める＞ フォローアップ研修への参加	←	1) コルブの体験学習理論 ①具体的経験 ②内省的観察 ③抽象的概念化 ④能動的実験 2) 体験学習プログラムの活用

図9-2　エンパワメント・プロセス設計（認知症サポーター）

2節　アクションリサーチのプロセス

1. 取り組みへの理論的枠組み

　アクションリサーチを開始するにあたり，プログラムのもとになる理論的枠組みを検討した。そこで，体験を通した学習について汎用性が高く，研究者だけでなく，学生や実務家にも利用しやすいコルブ（Kolb, D. A.）の体験学習理論を適用することにした。これは学習を「具体的経験」「内省的観察」「抽象的概念化」「能動的実験」の循環型に単純化した理論（図9-3）である。コルブによると，学ぶということは，体験の変容を通して，知識を構築していくプロセスで，知識は獲得されたり，伝達されたりする独立したものでなく，常に創造，再創造を繰り返すプロセスにより得られるとしている。この学習モデルにおいては，4つのモードが循環し，この循環をすることで，知識が創造され，学習が生起すると考えられた（Hoyrup, 2004）。

2. コルブ理論を使用した活動事例

　教育学部の大学生が小学校への訪問活動を通じた学びの報告がある（望月，2015）。学生の記述内容をもとに子どもの実態や教師の役割に対する学生の学習過程を明らかにすることを目的にした研究であり，それによると，コルブの学習モデルに基づいた，学生と児童の関わりの記録が示されていた。たとえば，

図9-3　コルブの体験学習モデル（Kolb, 1984）

ブランコをクラスメイトに譲ろうとしないA児童との場面説明（状況描写）の後，学生がA君を注意したら，A君が「もういいよ」と怒り走って行ってしまった（具体的体験），「自分の指導を振り返るとA君を必要以上に悪者にしてしまった気がする」（内省的観察），「もっとA君に寄り添った指導も必要であったと感じた」（抽象的概念化），という一連の記述が示された。また，この抽象概念は，数日後のA君との新たな体験へとつながり，その後の「具体的な例を出してA君の行動を認めてあげて，その後に指導を促すのは効果的かもしれない」という新たな能動的実験を導き，「これからももっとやってみよう」という学生の教育意欲を高めた。

3.　アクションリサーチの概要

　Aデイサービスセンターにおける体験学習プログラムを実施した。スケジュールは，体験学習オリエンテーション（表9-1）に示す通りである。朝9:00に集合しオリエンテーションの後，概ね3時間〜3時間30分の体験学習を実施した。認知症サポーターは，それぞれに認知症の人を1名受け持ち，コミュニケーションをとった。話題などのトピックは特に設定せず，認知症サポーターがその場で決定し会話を行った。サポート体制は，常に施設職員の見守り体制の中で実施し，デイサービス利用者からの要望，困ったことなどが生じた場合に施設職員に相談し，指示を得られる体制を整えた。また，事故防止のため，認知症サポーターは，コミュニケーション以外のケアを行わないことを徹底した。

4.　アクションリサーチプログラム
（1）準備

　プログラムのために来所された認知症サポーターの人を迎え入れ，朝のあいさつ，自己紹介をし，気持ちよくプログラムに入れるように配慮した。デイサービスを行う場所，話し合いをする部屋，荷物置き場，トイレの場所など建物内部の案内をし，プログラム中の移動等に困らないようにした。また，どんなことをするのか不安を抱いている人もいるので，プログラムの目的と内容，注意事項などオリエンテーションを行い，プログラム全体の様子がわかることで安心感をもってもらった。ファシリテイターは，認知症サポーターに，気分

表 9-1　体験学習オリエンテーション（参加者向けの説明）

皆様，本日は介護体験学習にご参加下さりありがとうございます。
介護体験の概要とスケジュール，留意事項等の説明をいたします。

【概要】
　本日は，デイサービス利用者お一人を，それぞれの方が受け持ち，お話をしていただきます。
お話のトピックは特に設定いたしませんので，どうぞ何でもお話しください。ただし，以下の留
意事項に書いてある事柄については遵守願います。
　介護体験は，途中の振り返りの時間を挟んで，前半と後半に分かれます。

【本日のスケジュール】

9:00	オリエンテーション
	・健康チェック，身だしなみの確認
	・本日のスケジュール，留意事項
	ロールプレイ
9:30	対象者とのコミュニケーション（前半）
	・実践
10:30	振り返り（体験における行動チェック表）
11:00	対象者とのコミュニケーション（後半）
	・実践
12:00	体験終了
12:20	終了

【ロールプレイ】
実際に利用者の方とコミュニケーションをとる前に，ロールプレイを実施します。認知症サポー
ター役，認知症の人，観察者に分かれて練習をします。

【チェックリストの説明】
本日皆様に書いていただくものはこちらのチェックリスト１枚です。
（表４チェックリストの説明をする）

【振り返りの説明】
①この時間に，前出のチェックリストを記載します。
②後半の計画を立てます。

【留意事項】
・対象者の方にまつわるすべての情報は個人情報ですので，いかなる場合も口外しないこと。
・施設の中で見聞きした，他の利用者の方や，職員の方の情報についても口外しないこと。
・コミュニケーション以外のケアは行わない。
・利用者からの要望，困ったことなどが生じた場合にはすぐに施設職員に相談し，自己判断をし
　ない。
・体調が悪く，体験を続けられない時はいつでも職員や研究者にお声掛けください。

が悪くなったとき，困ったことが生じたときはいつでも中断し，休むことができることを説明した。認知症サポーターの服装や装飾品などにも気を配り，認知症の人が不快にならないように気を配った。

（2）具体的体験

　コルブの理論における最初の段階で，学習者が環境に働きかけることで起こる相互作用として示される。

　まず，認知症サポーターを3人一組としてロールプレイによる疑似体験を実施した。ロールプレイは，認知症サポーターが初めて認知症の人を前にしたときに，自己紹介の仕方，目線のもち方，声のトーン，笑顔を作ること，立ち位置などあらかじめ確認できることを目的として設定した。これにより，認知症の人との出会いをスムーズにし，認知症サポーターの心の準備が整うことを期待した。ロールプレイでの3人の役割は，認知症役，サポーター役，観察者である。役割は数分ずつで交代し，体験者がそれぞれの役割をすべて体験できるようにした。ロールプレイの事例は，わかりやすくデイサービスでのセッティングとした。認知症サポーターが理解しやすいように，事例は紙ベースで配布し，必要に応じてファシリテイターがデモンストレーションを行った。その後，認知症サポーターがコミュニケーションをとる対象者を決めた。認知症者の日常生活自立度判定基準がⅠあるいはⅡ程度（軽度の認知症の人），中核症状を主な症状とし周辺症状のない人，認知症サポーターとのコミュニケーションに同意を示した人を対象者とした。対象者と認知症サポーターとのマッチングは，デイサービス当日の対象者の体調，認知症サポーターの要望の両者をもとに，ファシリテイターと施設指導者が相談の上，選定した。

　この段階でのファシリテイターの関わりは，環境づくりである。認知症サポーターが使用できる個室の準備をし，落ち着いた場所を確保することでの緊張の緩和を図り，話し合いをしやすい場を設定した。そして，ファシリテイター自身と認知症サポーターとの間で，相談しやすい関係性をつくり，プログラムへの前向きな姿勢をサポートした。

　具体的にこの段階では，認知症サポーターを対象者に紹介する，認知症サポーターと対象者が，お互いに自己紹介できるように見守る，認知症サポーターと対象者のコミュニケーションが開始されるように見守る，などを実施した。

（3）内省的観察

コルブ理論における第2段階では，自らの行動や振る舞い，会話の内容など
を思い起こす内省的観察である。

認知症サポーターは，前半のコミュニケーションを終了し，デイサービスの
場所から別室へ移動した。別室は，朝オリエンテーションを行った静かな個室
である。

内省的観察は，体験した事柄を振り返り，体験した事項やその時々の思いや
考えを振り返ることである。ファシリテイターは，認知症サポーターへの自己
表現への支援を行った。まずは，デイサービスの忙しい雰囲気は，認知症サポー
ターが反省的思考をめぐらす場として適切とはいえない。認知症サポーターの
発言のプライバシーが守られ，安心して内面を語ることができる，落ち着いて
考えられる時間・場所の確保は重要である。ファシリテイターは，認知症サポー
ターが対象者と会話が弾んでいる場合でも，キリのよいところで前半のコミュ
ニケーションを終了できるように声かけをし，別室へ案内をする役割がある。
さらに，ファシリテイターは，認知症サポーターの話に耳を傾け，積極的な傾
聴を行った。体験において，認知症サポーターは，「どのような症状の認知症
の人と話したか」，「どんな社会的背景のある人か」，「認知症の人と何を話した
か」，など対象者特性や会話の内容に集中する傾向があった。ファシリテイター
は，そのような傾向が示された場合，認知症サポーターは「どのような関わり
をしたのか」，「それはなぜ行ったのか」という認知症サポーターが自分自身の
行動や言葉に着目し，意味づけができるように働きかけた。認知症サポーターは，
意味づけにより，体験した事項やその時々の思いや考えを深めることになった。

（4）抽象的概念化

コルブ理論における第3段階は，体験を一般化・抽象化し，応用可能にする
段階として示される。認知症サポーターは，内省の段階を経て抽象的概念化の
段階へ移行する。コルブのモデルは，内省にとどまらず，体験した内容を個人
的な一時的な出来事ではなく，一般化し，次回の体験に活かす部分があること
が特徴である。

ファシリテイターの関わりは，教育的な支援を行うことである。教育的支援
の1つとして，ポジティブフィードバックを行う。これは，認知症サポーター

が，内省的観察で得られた思いや考えをファシリテイターに伝えることができ
ること，自身の関わりや態度の良かった点・改善点を言語化できることを目指
す。また，教育的な支援として，新たな見方の提示を行う。これは，認知症サ
ポーターの内省的観察で得られた思いや考えを踏まえて，認知症サポーターが
なぜそう考えたのかを聞き，意味づけを試みることである。そして，認知症サ
ポーターが，抽象的概念化を行うことを支援する。

　上記のファシリテイターの関わりについて，考えられる2つの事例を以下に
示す。

〈事例1〉
具体的経験：コミュニケーションでは，認知症の人が毎回同じことを聞いてこられる。
否定しないで，相手が失敗感を抱かないように，毎回，初めて伺うような気持ちで受
け止め返答をした。
内省的観察：講義で学習したこととリンクする。認知症の症状である記憶障害の表れ
として捉える。しかし，同じ会話の繰り返しで話題が常に同一である。これでいいの
だろうか。
ファシリテイターの関わり（新たな見方の提示）：人は自分の経験の幅の中でしか話
題がないときがある。人それぞれ，経験も何もみな違っているので，その辺のところ
を，いろいろな角度から話をちょっと触りながら，認知症の人が興味のありそうなこ
とを引き出してみてはいかがでしょうか。抽象的概念化：認知症の人の興味がありそ
うなこと，認知症の人の昔の経験を参考に，お話を引き出す試みをする。

〈事例2〉
具体的経験：何を話してよいのかわからず，ご本人も黙っている。認知症の人の話を
引き出せない。
内省的観察：1つの会話（言葉かけ）に，いくつもの内容が重なっていた。認知症の
人が理解できなかったかもしれない。
ファシリテイターの関わり（ポジティブフィードバック，新たな見方の提示）：本人
に伝わるもので話しかけることをしないと，「○○ですね」「うん」，で会話は終わっ
てしまう。
抽象的概念化：認知症の人は自尊心が傷つきやすく，わからなかったら恥ずかしいと
いう気持ちがあり，「わからない」とは言えないのではないか。わりやすい内容で簡
単な文で話しかけてみましょう。

（5）能動的実験

　最後は，これまでに得られた学びを新しい場面で生かす段階として示される。抽象的概念化されたことを実践する段階である。体験した内容を反省だけにとどめず，次の場面に活かすことができるために準備をすることが重要である。ファシリテイターは，適切な認知を促し，新たなチャレンジへの支援と見守りを実施した。

3節　アクションリサーチのアウトカム

1. 体験群と体験なし群における認知症サポーター活動の比較について

　体験群において活動している人は，体験前と体験後を比較すると約1.6倍に増えた。一方，体験なし群では，Before と3か月後に認知症サポーター活動をする人数に全く変化が見られなかった（図9-4）。これらのことから，体験が，認知症サポーター活動増加に影響を与えたのではないかと考えられた。

2. インタビュー結果

　体験学習をした認知症サポーターへインタビューを行った。認知症サポーターの発言内容をすべて紙面に記述し，内容の類似性により分類した。
　大きく分けると，認知症の人への理解，認知症の人の話す意欲の尊重，コ

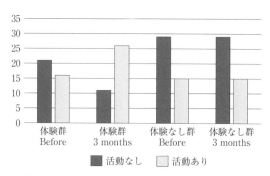

図9-4　体験群と体験なし群における認知症サポーター活動の比較

ミュニケーション力，できる範囲内のサポート活動などが語られた。それぞれについて特徴的な語りは以下の通りである。できるだけ認知症サポーターの発言した言葉を使用した。

（1）認知症の人への理解

「昔の話は鮮明に覚えていて，間違いがないんでびっくりした」「ご主人さんが何歳で亡くなったとか，仕事のこととか，娘がいて結婚してとか，昔のことは覚えていた」「昔の話を伺うとよくお話するからやはり，認知症っていうのは，現在のことは忘れやすいんだと一番勉強になった」など，認知症の人の記憶について，昔のことはよく覚えているが現在のことは覚えていないなどの理解が表された。

また，「日常生活はつまらないかと思ったが，生き生きとして，身支度もきれいだし，年だからという感じはなかった」「もう少し話がかみ合わないかなと思っていたが，すごく楽しく話ができた」「認知症の方は認知力が低下しているので，怒られたり怒鳴られたりすると，怖くて不安でしょうがないんだろうというのをすごく感じた」「繰り返しのお話の中に非常に人生に役立つようなお話をしてくださり，認知症の人を別の角度で捉えられ，勉強になった」と，認知症サポーターが，認知症の人に対して否定的なイメージを抱いていたが，体験学習後にイメージが改善したことが示された。

（2）認知症の人の話す意欲の尊重

「同じお話であっても，『はい，そうなんですね』ってちゃんと聞くことはできた」「何度も同じ内容のお話を繰り返されていたが，できるだけ初めて聞くようなふりをして聞いた」「本当に毎回新鮮に受け止めていくしかないし，こちらの返答が穏やかであれば相手は萎縮しないで語ることができ，認知症を進ませないことにつながるのではと考えた」など，サポーターが，認知症者の，繰り返される同じ話をどのように受け止め，どのように返事を返したらよいかの戸惑いや，考えなどが示された。

また，「『すごい』とか，『すばらしい』など，同意を示してお話するとよい」「警戒心を解くためにも，『ありがとう』と言っていると機嫌がよくて，次から次と話してくれた」「何にもわかんないわけでもないし，同じこと何回も言うのかもしれないけど，相手をいたわる気持ちや感情は残ると感じた」「いわゆ

る自尊心というのか，知らないことは恥と思うのか自分の知らないものに関する不安があるように感じた」など，認知症の人の感情は認知度の低下があっても残存することへの気づきや，認知症の人が自尊心を傷つけられたと感じることのないような関わりについての考えが表された。

（3）コミュニケーション力

　「自分なりに6割か7割は聞けたんじゃないのかな，というような気がしていた」「自分の目的のために聞いてるんじゃないかなっていう部分があった」「もっと相手の表情を見て，彼女の笑顔が増えるような傾聴がしたいと思った」というお話があり，聴き方や聴く時の意識のもち方について深く考察していた語りがあった。

（4）できる範囲内のサポート活動

　「ウォーキングなんかしていて見つけるのですけど，地域に空き家がたくさんありますよ。雨戸が閉まっていたり，洗濯物が干してなかったり，気づくことがある」「安否確認じゃないけど，ちょっと歩いているときに，気にしてこっちから声をかけようと思います」など日常生活での気づきの大切さについての発言があった。

　また，「認知症の人を介護している家族介護者が介護負担でこけたらもうおしまいだと感じる」「家族介護者をもっと支援するために，日頃の鬱憤を晴らしてもらえるような関わりをしたい」など介護者支援の発言があった。

（5）体験学習をサポーター活動に生かす思い

　「認知症の知識が少しでもあると，困ったときに誰かにつないでいかれると思う」「しゃべるきっかけ作りの学習としては，今日の体験は生かされると思う」「実際に認知症の方につかせてもらったことで，始めからの入り方とかすごく勉強になった」などが示された。

4節　アクションリサーチにおけるエンパワメントのコツ

　認知症の人とのコミュニケーション体験は，何よりも対象者理解の深まり，認知症ケアにおける意識・関心の向上へつながっていた。本プログラムでは，認知症の人とのコミュニケーションにおける内省の時間を設けており，そ

こで，養成講座や自分自身の経験を振り返り，学んでいることの重要性を理解
したのではないかと考えられた。認知症の人の増加と高齢社会に向けた取り組
みは，他人事ではなく自分自身のことであることを共有することが大切である。
エンパワメントのもっとも重要な原則の1つは「共に楽しむこと」である（安
梅，2014）。本プログラムでは，認知症の人とのコミュニケーションが楽しい
と感じることが，会話継続や今後の見守り支援活動への動機づけを高めると捉
えられた（図9-5参照）。

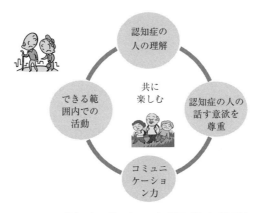

図9-5　認知症サポーターエンパワメントのコツ

第10章 世界の子どもの夢を支える仕掛けづくり

1節　アクションリサーチのストーリー

　持続可能な開発目標 SDGs は，子どもの健やかな育ちと大きく関連している。「目標 1　貧困をなくす」「目標 3　健康である」「目標 4　質の高い教育」は，子どもが安心できる環境で健やかに育ち，学び，社会の中で生きる環境につながる。また，「目標 5　ジェンダーの平等」「目標 8　適切な良い仕事と経済成長」「目標 10　不平等を減らす」「目標 16　平和で公正な社会」は，子どもを取り巻く家族の生活に直結する。

　子どもの健やかな育ちを支えるためには，子どもと家族への「質の高い子育て支援」が欠かせない。

　「質の高い子育て支援」と聞くと，どのようなことが思い浮かぶだろうか？国際経済協力機構（OECD, 2015; 2019）は，「子どもたちが心身共に満たされ，より豊かに生きていくことを支える，子育て支援の場が準備する環境や経験のすべてである」と述べている。世界中の研究で，質の高い子育て支援が，貧困層を含むすべての子どもたちにとって，将来の幸福感やよりよい生活に貢献することが明らかにされている。

　本章では，子どもの健やかな育ちを保障するために，子育て支援専門職と共に「根拠に基づく質の高い子育て支援の実現」を目指すアクションリサーチを紹介する。

　子育て支援専門職がそれぞれの専門性を発揮するためには，「根拠に基づ

く支援」「評価」「自己点検」が重要である。そこで，1998 年より保育パワー
アップ研究会を立ち上げ，アクションリサーチを開始した。当事者である子ど
も，保護者，実践者と研究者が協働し，子どもの健やかな育ちに影響する要因
を 20 年以上にわたる追跡調査により科学的に明らかにした。延べ 5 万人以上
のデータを分析し，成果をもとに「根拠に基づく支援ツール（以下，支援ツー
ル）」を開発した。また簡単にデータ入力し，すぐに結果が表示される支援
ツール活用 WEB を構築し，実践者の専門性の発揮と多職種の連携に活用した。
さらにさまざまな職種が参加する研修を開催し，質の高い子育て支援に向けた
教育を続けてきた。

　世界の子どもの夢を支える仕掛けづくりには，「子どもの育つ力と保護者の
子どもを育てる力，そして地域や社会の子育て力を引き出す**子育ち子育てエン
パワメント**」が必須である。コミュニティ・エンパワメントの技術を用いるこ
とで，子ども，保護者，支援者が力を発揮し，チームで取り組むことができる
ようになる。

　地球に住む子どもたちすべてが夢をもち，豊かに生きることを支えるために，
「エンパワメント・プロセス設計」を用いて計画を作成した（図 10-1）

2 節　アクションリサーチのプロセス

1. 根拠に基づく質の高い支援のための支援ツール開発

　実践の場では，さまざまな配慮を必要とする子どもと保護者の早期把握，子
どもと家族の特性に応じた適切な支援と連携が求められている。「子どもの気
になる行動」や「保護者のサイン」をどのように受け止め，判断し，実践し，
評価すべきか日々悩みながら活動している現状がある。

　支援の**道しるべ（指標）**として，子どもの健やかな成長に影響する要因を分
析し，科学的な根拠に基づく 5 つの支援ツール（「一般発達評価ツール」「社会
的スキル尺度」「気になる子ども支援ツール」「育児環境評価ツール」「保育環
境評価ツール」）を開発した。これらの支援ツールは，全国の子どもたちを標
準とした場合にその子がどのような位置にあるのか，将来予測からみた望まし
い環境の要素は何かを示す**地図**や**目安**のような役割を果たすものである。

④影響要因	②課　題	①目　標
1) 質の高い教育 2) 子どもアセスメントの個人差 3) 子育ての孤立 4) 子どもが集団で遊ぶ機会の減少 5) 低年齢の保育ニーズの高まり 6) 保育教育専門職に対する子育て支援および相談機能への期待 7) 専門職の研修機会 8) 専門職の連携状況 9) 保育（とりわけ夜間長時間に及ぶ保育）に対する社会的偏見	【強み】 1) 当事者と専門職のエンパワメント 2) 実践と教育研究の連動 3) 活用方法および効果の視覚化 4) PDCAサイクルによる発展と国際展開 【課題】 1) 子どもの行動や発達，保護者の病気や経済状況など特段の配慮が必要な家庭の増加 2) 不適切な養育（マルトリートメント）および虐待増加	【大目標】 1) 世界の子どもが健やかに育つ 2) それぞれの子どもと保護者が自分の国，地域の中でいきいきと生活を続けられる 【中目標】 1) 子どもが保育所に居場所を作り，自己肯定感を育みながらその子なりの発達が促される 2) 保護者が自己肯定感を高め，自ら相談し，支援を得る力を高める 3) 子どもと家族の地域の中で育つ力が高まり，家族のウェルビーイングが高まる 4) 就学後を見据えた，保護者と専門職のパートナーシップが築かれる 【小目標】 1) 子どもと保護者の現状が，科学的な根拠に基づく評価によりアセスメントされ，早期に支援が受けられる 2) 子どもと保護者の持つ強みと困難に対して，当事者と専門職間で支援の方向性が共有される

↑↓

③背　景
1) 子どもの貧困 2) 少子高齢社会 3) 地縁・血縁減少 4) 就労形態多様化 5) 子育てニーズ多様化

↑

⑤支援方法	⑥根　拠
1) 質の高い子育て支援 「根拠に基づく支援」：支援ツールを活用し支援につなげる 「評価」：支援ツールを使用し，子どもと家族の現状を把握する 「自己点検」：支援ツールを使用し，俯瞰的に見る力を養う 2) 多職種連携 共通用語として支援ツールを使用 研修を通して，それぞれの職種の強みを理解する	1) 保育コホート研究成果 2) 国立子ども人間発達研究所（NICHD）の研究成果 3) 国際経済協力機構（OECD）の子どもと保育に関する研究成果 4) すくすくコホート（Japan Children's Study）研究成果

図 10-1　エンパワメント・プロセス設計

　開発は，まず当事者である子どもと保護者，専門職との目標と意義の共有から始めた。科学的な根拠を得るための追跡調査の実施，指標の妥当性を担保するための当事者へのインタビューと観察評価を 5 年にわたり継続した。

　アクションリサーチの期間中は，月 1 回の座談会でコミュニケーションの機会を確保するとともに，年 4 回の懇談会で成果のフィードバックと双方向の意見交換の場を設けた。

2.　実践における活用のための支援ツール活用 WEB 構築

　支援ツールを最大限に活用するため，支援ツール活用 WEB を構築した。実践の場で簡単に入力でき，すぐに結果をグラフで見ることができる支援ツール活用 WEB は，当事者である子ども，保護者，実践者間に厚い信頼感を築く道具として，また多職種チームの視点の統一や共通理解の指標として利用されている。さらに，WEB によるデータ蓄積により，実践の場の経験知を科学知として立証するアクションリサーチを継続している。支援ツール活用 WEB は，当事者の力を最大限に引き出すエンパワメントの視点から，根拠に基づく子育て支援の仕組みづくりを実現している（図 10-2）。

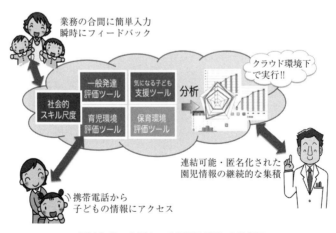

図 10-2　支援ツール活用 WEB の仕組み

3. 支援ツールの国際展開

　支援ツールを用いたアセスメントと支援の仕組みは，世界中の国々において適用することができる。また，日本国内においても外国籍の家族は増加しており，在日外国人のための支援の必要性が高まっている。

　そこで支援ツールを，英語，仏語，ポルトガル語，中国語，韓国語，モンゴル語，インドネシア語，タガログ語，ブードゥー語，バングラディッシュ語などに翻訳した。さらに，国内外の研究者，実践者と協働し，それぞれの国の文化を踏まえた支援ツールの標準化を行い，国際的に比較できる形で活用している。

4. 支援ツール活用のための研修開催

　子どもと保護者，専門職それぞれの力を引き出すエンパワメントの視点から，支援ツールを活用し，質の高い支援を実践するための研修プログラムを開発した。当事者の生の声を反映するフォーカス・グループインタビュー法を用い，子育て支援専門職の教育ニーズを抽出し，内容を構築した。その結果，「他の職種とのつながり」「研修と実践のつながり」「職員間のコミュニケーション」「相互理解」「自分たちの実践の発信とフィードバック」「支援の根拠」など，専門職の力量形成に資する「多職種連携研修プログラム」のニーズが抽出された（表 10-1）。

表 10-1　支援ツールを活用した多職種連携教育に関する当事者ニーズ

重要カテゴリー	重要アイテム（一部抜粋）
他の職種とのつながり	日ごろ他職種と話す機会があまりない。 困った時に相談できるネットワークが欲しい。
研修と実践のつながり	理論をどう実践に結び付けるのかという教育の実現。 明日の保育に活かせる事を知りたい。
職員間のコミュニケーション	職員同士で保育の意図を共有できるかが重要。 チームをまとめる人，保育技術をもつ人，両方必要。
相互理解	他の職種がやっている事が見えない。 専門職により役割が違うと目標も違うように感じる。
自分たちの実践の発信とフィードバック	統合保育の周知と専門性発信。 他者からのフィードバックにより互いの実践の意味づけが見える。
支援の根拠	根拠を説明できる専門職がほしい。 なぜ根拠が必要なのか，ピンと来ない専門職もいる。

抽出された要素を反映し，支援ツールを活用した多職種連携と専門職の力量形成に主眼をおいた研修を企画した。

3節　アクションリサーチのアウトカム

20年以上に及ぶアクションリサーチの成果は多数あるが（本アクションリサーチ WEB サイト参照），中でも下記3点が特筆される。

1. 質の高い子育て支援は，子どもと保護者の将来のウェルビーイング（安寧な状態）に効果をもたらす

保育園を利用する保護者は，利用していない保護者と比較して，子どもをたたくなどの望ましくない家庭での関わり行動が，有意に減少することが明らかになった（図10-3）。また，質の高い保育を利用している保護者を対象に，入園1年後の変化を調べると，「たたく」と回答した保護者のうち61.4%がたたかなくなり，望ましくない関わりをしていた保護者の約6割に改善がみられた（図10-4）。

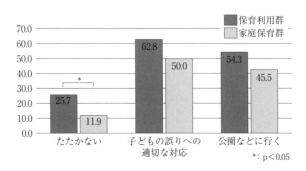

図10-3　保育利用者と非利用者の1年後のかかわり行動の変化

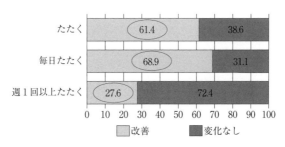

図 10-4　質の高い保育利用が保護者のかかわりに及ぼす効果（1 年間の追跡）

2. 根拠に基づく支援ツールの活用は，質の高い子育て支援に役立つ

　支援ツールを用いて，幼児期の関わりを評価し，学童期の子どもに及ぼす影響を経年的に検討した（図 10-5）。その結果，幼児期に保護者からみた「子育ての相談者」が少ない場合，学童期になり子どもが「なんとなく心配だ」と感じるリスクが，「子育ての相談者」がいる場合と比べて 8.4 倍高くなる傾向がみられた。同様に，幼児期に「歌を一緒に歌う機会」や「本の読み聞かせ機会」などの関わりが乏しい場合，学童期に子どもが「いらいらする」「あまりがんばれない」「さびしい」「誰かに怒りをぶつけたい」などのストレス反応が起こるリスクが高まる傾向が示された。支援ツールを活用することで，子どもと家族の状況を把握でき，子どもと家族への根拠に基づく早期介入につながる。

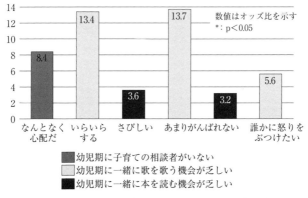

図 10-5　子育て支援が学童期の子どもにおよぼす影響

また，支援ツールを用いて介入効果を評価することで，質の高い子育て支援に
役立ち，乳幼児期のみならず，将来にわたる子どものウェルビーイングを促進
する。

3. 支援ツールを用いた研修は当事者のエンパワメントに効果がある

　プロセス評価として，プログラム中の発言記録およびチームでのグループ
ワーク記録について質的に整理した。また量的調査として，自記式アンケート
による事後評価を行った。内容はプログラムの意義や理解など6項目について
「とてもそう思う～全くそう思わない」の6件法で評価，自由記載内容を質的
に検討した（表10-2，図10-6参照）。

表10-2　研修記録から抽出された特徴と内容

重要カテゴリー	重要アイテム（一部抜粋）
他の職種への理解	多職種それぞれの役割が見えた。 職種が違うとアプローチの方法が違うことがよくわかった。
実践へのフィードバック	園内での職種の連携が具体的に考えられた。
子どもの就学後を見据えた支援	地域の中での生きやすさを考えることで先の事が見えてきた。
インフォーマルサポート	家族は支援対象だけじゃなく資源だと気づけた。 家族のまわりにたくさんの可能性がある。
実践に対する肯定と意欲	情報交換ができ，自分たちが大切にしてきた事が間違っていな いと思えて明日からも頑張ろうと思えた。
仲間との共有への意欲	思い，知識，経験をアウトプットできた。 園の職員や地元で連携している人を誘いたい。

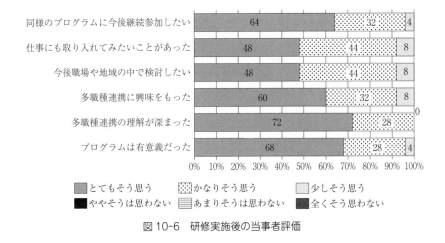

図 10-6　研修実施後の当事者評価

4節　アクションリサーチにおけるエンパワメントのコツ

　本アクションリサーチは，当事者である専門職と利用者の継続的な参加を促し，科学的な根拠に基づき PDCA サイクルをまわすという特徴がある。エンパワメントのコツは下記 4 点である。

1.　参加を促す仕掛けづくり

　さまざまな形での参加ができる工夫が重要である。対面にとどまらず，オンラインなど多様な形で参加する場を提供することで，当事者の意欲や環境に応じて，柔軟に形態を選択しながら関わる仕掛けをつくる。

2.　目標の明確化

　当事者の継続的な参加を実現するためには，目標を明確にし，共有することが大切である。子どもの健やかな育ちを保障するために，質の高い子育て支援が必要であるという明確な目標が，当事者の動機となる。本アクションリサーチでは「子どもの健やかな育ちを守る環境づくり」という目標を共有している。

3.　活用方法と効果の見える化

　具体的な例を通して，活用の方法と効果を「見える化」することで，当事者の参加への期待感が増大する。たとえば，支援ツールを使用した下記のような実践例を用いてわかりやすく効果を体感してもらうなどが有効である。

1　子どもの状況がはっきりとわかり，より的確な支援につなげる事例

2　子どもや家族の状態が，根拠に基づき説明できる事例

3　他の職種と話す際に，話が通しやすくなる事例

4　業務の改善につながり，職員の業務量の減少につながる方法の紹介

　支援ツールを活用し，こんな方法でうまくいったという話を共有することで，支援ツールを使用する動機づけにつながる。

4.　常に発展することへの期待

　アクションリサーチは常に発展する。つまり，科学的根拠に基づく PDCAサイクルを回し続けることである。その発展に対する期待を，参加メンバーで共有することがコツのひとつである（図 10-7 参照）。

　さまざまな当事者が参加する強みを生かし，視点の違いを楽しみながら，共に子どものための環境を考えることを大切にしようという雰囲気づくりがカギとなる。当事者の力を引き出す PDCA サイクルを回し続けることで，持続可能な発展に向かうことができる。

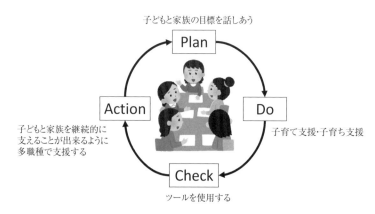

図 10-7　アクションリサーチの PDCA サイクル

コラム②

国際政策提言につなげるアクションリサーチ：家族と暮らせない子どものウェルビーイングに向けた支援の仕掛けづくり

　国際政策提言につなげる科学的知見による裏付けと関連諸機関のネットワーキングに関するアクションリサーチの事例を紹介する。

1. 家族と暮らせない子どもの世界的な状況とウェルビーイングに関する科学的知見

　保護者の離婚，病気，保護者からの虐待や，戦争や災害など様々な事情により世界では約 600 万人以上の子どもが，家庭ではなく，施設で生活している（Desmond, Watt, Saha, Huang, & Lu, 2020）。持続可能な開発目標 SDGs では人々の尊厳は基本的なものであるとし，誰も取り残さないことをうたっている。

　子どもが成長する場は，家族にとどまらず，社会全体で考える必要がある。家族に子どもを育む機能が著しく乏しい場合には，子どもの保護が行われる。現在，多くの国で児童養護施設などの施設養育を中心に保護が行われる一方，その弊害については十分検討されていない。

　そこで Lancet Group Commission では，世界中の研究者が連携し大規模プロジェクトによる既存研究のメタアナリシスを実施した（Van IJzendoorn et al., 2020）。その結果，施設養育により身体的，認知的，社会情緒的発達とメンタルヘルスに負の影響がみられる場合がある一方，子どもが家族から引き離されることを防ぐプログラムや，社会復帰プログラムの有効性が示された（Van IJzendoorn et al., 2020）。

2. 世界で求められる変化

　「子どもの権利の促進と保護に関する国連総会決議（2019 年）」では，子どもは家庭的な環境の中で育ち，発達を促す環境の中で子どもは育つべきであるという認識のもと，1) 子どもの生活において家庭的な環境を優先する，2) 子ど

もと家族の分離を防止し家族を強化する，3)施設ではなく地域で質の高い家庭的な代替手段を提供し保護者のケアを受けられない子どもを保護する，4)施設入所の短所を認識する，5)子どものケアと保護のための制度を強化する，という5つの必要性を含め勧告した（UN General Assembly, 2020; Better Care Network, 2020）。施設養育から質の高い代替ケアに移行し，家庭や地域社会に根ざしたサービスに変更するよう促した。質の高い里親制度は，代替ケアの代表的な方法のひとつである。

3. 科学的根拠に基づくアクション（政策提言と当事者との協働）

　研究で得られた知見から，1)家族への支援，2)質の高い家庭的な代替ケアを促進すること，3)国の制度化，を通じて，施設ケアから質の高い家庭的なケアへの移行に向けた政策策定の必要性が提言された（図コ②-1）。

　実践では，当事者，実践者，研究者，非政府組織，ユニセフとの連携が求められる。具体的な活動として，2020年6月に社会的養護の脱施設化に向けたウェビナーを開催した（図コ②-2）。多数の当事者，研究機関，非政府組織，ユニセフのメンバー等が参加し，有用なプログラムの促進，利用可能な資源を質の高い代替ケアに向けるなどのガイドラインを，当事者と共に全世界に提言した。

4. アクションリサーチ実現に向けたエンパワメントのコツ

　子どものウェルビーイングのために，社会と政府の責任のもと確実に提供される共通目標の共有により，世界中の当事者，実践者，研究者の協働が実現した。

　現在も学会での成果発信，国連や各国政府との直接的対話，当事者のニュース出演など，科学的根拠に基づく共創型アクションリサーチを重ねている。

　立場の違いや国による文化の違いを踏まえつつ，それぞれの文化の中で人びとの関心と対話機会のさらなる拡大が期待される。

④影響要因	②課 題	①目 標
1) 子どもは家庭的な環境の中で育ち，発達を促す環境が必要であるという認識が社会で共有されていない（普及していない） 2) 子どもの分離を防ぎ家族を強化する必要性，家族からのケアを受けられない子どもを保護する必要性，施設養育の短所が認識されていない 3) 保護された子どもに提供される施設ケアおよび代替的ケアの質	【強み】 1) 科学的根拠に基づくアプローチ 2) 国境を越えた当事者，実践者，研究者の協働 【課題】 1) 世界で 500 ～ 600 万人（推計）以上の子どもが施設で生活 2) 施設養育が発達や健康に及ぼす影響への懸念 3) 保護を必要とする子どもの社会復帰	【大目標】 1) 子どものウェルビーイング促進 【中目標】 1) 子どもの健やかな成長に必要な基本的かつ最小限のものが国と社会から保障される 【小目標】 1) 子どもが家族や社会と断絶しない 2) 家族の子どもを育む力が強化される 3) 子どもが家族または地域の中の質の高い代替ケアの中で育つ

↑↓

③背 景
1) 貧困および格差社会の世界的拡大 2) 内戦，紛争

⑤支援方法	⑥根 拠
1) 社会的養護の効果に関するメタアナリシスによる検証 2) 当事者，実践者，研究者，非政府組織，ユニセフとの連携 3) 根拠に基づくガイドラインの作成と世界発信，政策提言 4) 子どもの成長に必要な基本的かつ最小限のものを社会と政府の責任で提供 5) 子どもの生活に家族的な環境を優先 6) 子どもと家族の分離防止，家族強化 7) 家族への支援 8) 質の高い代替的ケアの提供促進 9) 施設入所の短所を認識 10) 社会的認知の向上 11) 国の制度化	1) 「子どもの権利の促進と保護に関する国連総会決議」（2019 年 12 月） 2) 子どもの保護に関する研究 3) 早期逆境体験の影響に関する研究 4) 施設の養育環境の質と子どものメンタルヘルスへの影響に関する研究 5) 早期家庭復帰・家庭的ケアの影響に関する研究 6) 家族の強化，社会復帰プログラムの有効性に関する研究

図コ②-1　エンパワメント・プロセス設計（UN General Assembly, 2019; Van IJzendoorn et al., 2020; Goldman et al., 2020 の文献を基に筆者らが作成）

図コ②-2　科学的根拠に基づく研究と実践の連携を目指す取組み
（Lancet Group Commission , Institutionalisation and deinstitutionalisation of children 2）

おわりに：持続可能社会に向けた共創するアクションリサーチの展開

　アクションリサーチは，人びとが共に手を取り合い，社会をより豊かなものにする実践的なひとつの手法である。共創型のアクションリサーチには，共に創る喜びと，新たなチャレンジへの冒険心をもつ**エンパワメント・マインド（湧活魂）**が求められる。エンパワメント・マインドは，可塑性（plasticity），多様性（diversity），全体性（holistic）のたまものである。なぜなら自分と環境を変えられることが可塑性であり，それは多様性の中でさらに強められ，全体性をともなった調和のとれた営みとして統合されるからである。

　人は，さまざまな人びとや組織の多様性の中で，しなやかに自分と環境を変えていく可塑性をつむぎながら，生涯にわたり成長する。アクションリサーチは，人びとと環境の織りなす変化を全体性のある調和のとれた視点で捉え，人が生きる社会の仕組み全体を変革する可能性を秘めている。

　アクションリサーチの過程で，うまくいかないことも多々起こるだろう。しかし実は混沌は次の飛躍へのチャンスである。なぜなら相反する２つのものが同時に存在すると，それを解決するために「思いがけないひらめき」が生まれる可能性が高まるからである。混沌状態では，新しいアイディアなど突破口に向けた可塑性がますます発揮される。たとえば赤ちゃんは圧倒的な混沌の環境から，必要なものを選んで脳を育てていく。その過程では，脳神経の一本一本を環境にもっとも適した形になるように取捨選択している。新たなものを生み出すためには，混沌をあえて避けないことが有効である。

　アクションリサーチを用いて社会のさまざまな課題の解決を図るためには，アクションリサーチとエンパワメントの基本を十分に理解した実践者，研究者の育成が欠かせない。人，仲間，組織，社会，そしてシステムをつくることが持続可能な社会を実現する。混沌とした時代を見据える今こそ，人びとのいのちの輝きに寄り添い，未来を拓くエンパワメントとアクションリサーチのさらなる活用を，大いに期待するものである。

安梅勅江

文　献

◆第1章
秋山弘子（編）　2015　高齢社会のアクションリサーチ　東京大学出版会
安梅勅江　2004　エンパワメントのケア科学―当事者主体チームワーク・ケアの技法―　医歯薬出版
安梅勅江　2007　健康長寿エンパワメント―介護予防とヘルスプロモーション技法への活用―　医歯薬出版
安梅勅江　2019　子どもの未来をひらく　エンパワメント科学　日本評論社
Freire, P.　2011　被抑圧者の教育学（新訳）　亜紀書房
芳賀博（編）　2020　アクションリサーチの戦略：住民主体の健康なまちづくり，医学書院
Herr, K., & Anderson, K. 2005 *The action research dissertation: A guide for students and faculty.* Sage.
草郷孝好　2018　市民自治の育て方―協働型アクションリサーチの理論と実践―　関西大学出版部
Lewin, K. 1946 Action research and minority problems. *Journal of Social Issues*, **2**, 34-46.
錦戸典子　2017　いろいろな研究デザイン（6）アクション・リサーチ　産業ストレス研究，**24**（2），233-238.
筒井真優美　2010　研究と実践をつなぐアクションリサーチ入門―看護研究の新たなステージへ―　ライフサポート社

◆第2章
安梅勅江　2005　コミュニティ・エンパワメントの技法―当事者主体の新しいシステムづくり―　医歯薬出版
Anme, T. 2008 *Culture, Care and Community Empowerment: International Applications of Theory and Methods.* Kawashima Press.
安梅勅江　2012　きずな育む力をつむぐ―エンパワメント科学のすすめ―　子ども研究　日本子ども学会
友田明美　2011　いやされない傷―児童虐待と傷ついていく脳―　診断と治療社

◆第3章
安梅勅江　2014　いのちの輝きに寄り添うエンパワメント科学　北大路書房
Anme, T. 2018 *Empowerment sciences for professionals enhance inclusion and a world of possibilities.* Japan Pediatric Publication.
Anme, T. 2019 *Creating Empowerment in Community: Theory and Practice from an International Perspective.* NOVA.

◆第4章
安梅勅江　2010　ヒューマンサービスにおけるグループインタビュー法Ⅲ　論文活用編　医歯薬出版
安梅勅江　2014　いのちの輝きに寄り添うエンパワメント科学　北大路書房
瀬畠克之・杉澤廉晴・大滝純司・前沢政次　2001　質的研究の背景と課題―研究手法としての妥当性をめぐって―　日本公衆衛生学雑誌，**48**（5），339-343.

◆第5章

安梅勅江　2012　保健福祉学とエンパワメント科学―当事者主体の新しい学際研究の展開に向けて　日本保健福祉学会誌

安梅勅江　2019　子どもの未来をひらく　エンパワメント科学　日本評論社

Adams, R. 2008 *Social Work and Empowerment.* Palgrave Macmillan.

安梅勅江　2009　根拠に基づく子育て子育ちエンパワメント―子育ち環境評価と虐待予防―　日本児医事出版

安梅勅江　2020　エンパワメント科学入門―人と社会を元気にする仕組みづくり―　エンパワメント科学　http://square.umin.ac.jp/anme/EmpowerScience.pdf（2020.11.5 閲覧）

安梅勅江　2007　保育パワーアップ講座　日本小児医事出版　1-120

Bandura, A. 1977 "Self-efficacy: Toward a unifying theory of behavioral change", *Psychological Review*, Vol.**84**, 191-215.

Blair, T. & Minkler, M. 2009 Participatory action research with older adults: Key principles in practice. *The Gerontologist*, **49** (5).

Conger, J. A., & Kanungo, R. N. 1988 The Empowerment Process: Integrating Theory and Practice. *Academy of Management Review*, Vol.**13**, 471-482

Coghlan, D., & Brannick, T. 2014 *Doing action research in your own organization*, SAGE

Coleman, J. S. 1990 *Foundations of social theory*. Belknap Press of Harvard University Press. 社会理論の基礎　上下巻　久慈利武（監訳）　2004　青木書店

Fetterman, D. F. 2005 *Empowerment Evaluation Principles in Practice*. Guilford Press.

フランクル，V. E.　2002　夜と霧　みすず書房

Hart, E., & Bond, M. 1995 *Action research for health and social care: A guide to practice.* Philadelphia, Open University Press. pp. 36-58.

廣井良典　2009　コミュニティを問いなおす　つながり・都市・日本社会の未来　ちくま新書

広瀬幸泰　1996　プロセス変革志向のエンパワーメント　ダイヤモンド社

Holter, I. M., & Schwartz-Barcott, D. 1993 Action research: What is it? How has it been used and how can it be used in nursing ? *Journal of Advanced Nursing*,**18** (2), 298-304.

星旦二・桜井尚子　2012　社会的なサポート・ネットワークと健康　季刊社会保障研究，**48** (3), 304-318

筧裕介　2019　持続可能な社会のつくり方　未来を育む「人と経済の生態系」のデザイン　英知出版

小泉英明　2005　脳は出会いで育つ　青灯社　pp.1-268.

久木田純　1998　エンパワーメントとは何か　エンパワーメント―人間尊重社会の新しいパラダイム　現代のエスプリ　至文堂

Lathlean, J. 1994 Choosing an appropriate methodology, In J. Buckeldee R, McMahon (eds.), *The research experience in nursing*. London, Chapman and Hall. pp.31-46.

Lincoln, Y. S., & Guba, E. G. 1985 Naturalistic Inquiry, Newbury Park, CA: Sage Publications.

McClelland, D. C. 1988 *Human Motivation*. Cambridge University Press.

Meyer, J. 2000 Qualitative research in health care: Using qualitative methods in health related action research. *BMJ Clinical Research*, **320**, 178-181.

斉藤幸平　2020　人新生の資本論　集英社新書

佐藤美由紀・齊藤恭平・若山好美・芳賀博　2016　アクションリサーチによる地域高齢者の社会参加促進型ヘルスプロモーション・プログラムのプロセス　老年社会科学，**38** (1), 3-20.

滝沢武久　1998　教育と内発的動機づけ　エンパワーメント―人間尊重社会の新しいパラダイム―　現代のエスプリ　至文堂

常盤文克　2014　人が育つ仕組みをつくれ！　東洋経済新報社

World Health Organization 2008 *Social Exclusion: Meaning, measurement and experience and links to health inequalities A review of literature*. WHO Social Exclusion Knowledge Network Background Paper.
矢守克也　2010　アクションリサーチ─実践する人間科学─　新曜社　pp.11-25.

◆第6章
安梅勅江　2005　コミュニティエンパワメントの技法─当事者主体の新しいシステムづくり─　医歯薬出版
安梅勅江　2014　いのちの輝きに寄り添うエンパワメント科学　北大路書房
Anme, T. 2019 *Creating Empowerment in Community: Theory and Practice from an International Perspective*. NOVA.
厚労省 WEB1　平成25年3月　地域包括ケアシステム
　　https://www.mhlw.go.jp/seisakunitsuite/bunya/hukushi_kaigo/kaigo_koureisha/chiiki-houkatsu/dl/link1-3.pdf（2020.11.5 閲覧）
日本一健康長寿村研究会　2011　誰もが生き生きまちづくり─飛島20年の軌跡と成果─
奥村理加・澤田優子　2019　人生100年時代の地域包括エンパワメント戦略　継続的予防リハと地域包括エンパワメント　日本公衆衛生学会総会抄録集

●コラム①
安梅勅江　2014　いのちの輝きに寄り添うエンパワメント科学　北大路書房
中板育美 他　2015　大災害と親子の心のケア─保健活動ロードマップ
田中笑子・冨崎悦子・澤田優子・安梅勅江　2020　災害に対応した母子保健サービスに関する質的研究─コミュニティエンパワメントの観点から─　小児保健研究, **79**（5）, 415-421.

◆第7章
安梅勅江　2004　エンパワメントのケア科学　医歯薬出版株式会社
Anme, T. 2019 *Creating Empowerment in Community: Theory and Practice from an International Perspective*. NOVA.
厚労省 WEB1　平成25年3月　地域包括ケアシステムの5つの構成要素と「自助・互助・共助・公助」
　　https://www.mhlw.go.jp/seisakunitsuite/bunya/hukushi_kaigo/kaigo_koureisha/chiiki-houkatsu/dl/link1-3.pdf（2020.11.5 閲覧）
厚労省 WEB2　健康日本21総論　第3章基本戦略　第2節対象集団への働きかけ
　　https://www.mhlw.go.jp/www1/topics/kenko21_11/s0.html（2020.11.4 閲覧）
杉awk悠圭　2019　住民のつながり強化と地域包括エンパワメント　日本公衆衛生学会シンポジウム
ローレンス W. グリーン・マーシャル W. クロイター（著）　2017　神馬征峰（訳）　実践ヘルスプロモーション　医学書院
日本ウオーキング協会　歩育のすすめ
　　https://www.moonstar.co.jp/whatshoes/hoiku/hoiku.pdf（2020.10.30 閲覧）

◆第8章
Denzin Norman, K. 1970 *The Research Act: A Theoretical Introduction to Sociological Methods*. Chicago: Aldine Pub. Co.
佐野千尋・渡邊久実・酒寄学・宇留野功一・宇留野光子・安梅勅江　2018　介護福祉施設への介護ロボット導入効果と今後の課題および可能性に関する質的検討, **65**（3）, 22-28

World Health Organization 2010 *Framework for action on interprofessional education and collaborative practice.*

全国社会福祉法人経営者協議会　2016　アクションプラン2020：平成28年度～平成32年度「中期行動計画」

◆第9章

安梅勅江　2014　いのちの輝きに寄り添うエンパワメント科学　北大路書房

荒川博美　森實詩乃　熊倉典子　室橋正枝ら　2016　認知症サポーター養成講座修了者の活動意欲と地域活動をエンパワメントするための支援課題　日本認知症ケア学会誌，**15**（3），634-646.

Hoyrup. S. 2004 Reflection as a core process in organizational learning. *Journal of Workplace Learning,* **16**（8），442-454.

国立社会保障・人口問題研究所　2017　日本の将来推計人口（平成29年推計）
　　http://www.ipss.go.jp/pp-zenkoku/j/zenkoku2017/pp_zenkoku2017.asp（2020.11.5. 閲覧）

Kolb, D. A. 1984 *Experiential Learning: Experience as the Source of Learning and Development.* Englewood cliffs New Jersey: Prentice Hall Inc.

厚生労働省　2004　「痴呆」に替わる用語に関する検討会報告書
　　https://www.mhlw.go.jp/shingi/2004/12/s1224-17.html（2020.11.5. 閲覧）

厚生労働省　2015　認知症施策推進総合戦略（新オレンジプラン）
　　http://www.mhlw.go.jp/file/06-Seisakujouhou-12300000-Roukenkyoku/nop101.pdf（2020.11.5. 閲覧）

厚生労働省　2016　高齢者介護研究会報告書「2015年の高齢者介護」

水野裕　2011　実践パーソン・センタード・ケア　認知症をもつ人たちの支援のために　ワールドプランニング　東京　pp.117-12.

望月耕太　2015　コルブの体験学習モデルを用いた概念形成過程の分析―学校訪問活動の振り返りを通して―　静岡大学教育学部付属教育実践総合センター紀要，**24**，155-162.

内閣府　2019　平成30年版高齢社会白書
　　https://www8.cao.go.jp/kourei/whitepaper/w-2019/html/zenbun/index.html（2020.11.5. 閲覧）

日本認知症ケア学会 認知症ケア用語辞典編纂委員会　2016　認知症ケア用語辞典　ワールドプランニング

◆第10章

安梅勅江　2001　グループインタビュー法 科学的根拠に基づく質的研究法の展開　医歯薬出版株式会社　pp.1-40.

安梅勅江　2008　コミュニティ・エンパワメント―当事者主体のシステムづくり―　小児の精神と神経，**48**（1），7-13.

安梅勅江　2009　根拠に基づく子育ち・子育てエンパワメント―子育ち環境評価と虐待予防―　日本小児医事出版社

安梅勅江　2014　保育パワーアップ講座応用編―根拠に基づく子育ち子育てエンパワメント―　日本小児医事出版社

安梅勅江　2014　いのちの輝きに寄り添うエンパワメント科学―だれもが主人公　新しい共生のかたち　北大路書房

Anme, T., Tanaka, E., Watanabe, T., Tomisaki, E., & Mochizuki, Y. 2016 Does Center-based Childcare Play a Role in Preventing Child Maltreatment? Evidence from a One-year Follow-up Study. *International Journal of Applied Psychology,* **6**（2），31-36.

本アクションリサーチWEBサイト　保育パワーアップ研究会

http://childnet.me/（2020.11.5. 閲覧）

子育ち子育てエンパワメントに向けた発達コホート研究

http://plaza.umin.ac.jp/~empower/ecd/（2020.11.5. 閲覧）

本郷一夫・澤江幸則・鈴木智子・小泉嘉子・飯島典子　2003　保育所における「気になる」子どもの行動特徴と保育者の対応に関する調査　発達障害研究，**25**（1），50-61.

NICHD Early child Care Research Network. 2005 *Child Care and Child Development: Results from the NICHD Study of Early Child Care and Youth Development.* The Guilford Press.

OECD 2015 *Starting Strong IV: Monitoring quality in early childhood education and care.* Paris: OECD Publishing.

OECD 2019 保育の質向上白書―人生の始まりこそ力強く：ECEC のツールボックス

田中笑子・冨崎悦子・渡辺多恵子・安梅勅江　2019　夜間におよぶ質の高い保育の展開と普及に向けたニーズ把握―FGI を用いて―　小児保健研究，**78**（suppl），183-183.

東郷美由紀　2004　保育士の精神的健康度と保育園の職場環境との関係　保育と保健，**10**（1），89-90.

全国夜間保育園連盟　2014　夜間保育と子どもたち　北大路書房

●コラム②

Better Care Network. 2019 *Key recommendations for the 2019 UNGA Resolution on the Rights of the Child with a focus on children without parental care.*
https://bettercarenetwork.org/library/social-welfare-systems/child-care-and-protection-policies/key-recommendations-for-the-2019-unga-resolution-on-the-rights-of-the-child-with-a-focus-on-children (accessed Oct 30, 2020)

Desmond, C., Watt, K., Saha, A., Huang, J., Lu, C. 2020. Prevalence and number of children living in institutional care: global, regional, and country estimates. *Lancet Child Adolesc Health,* **4**(5), 370-377. https://doi.org/10.1016/S2352-4642(20)30022-5.

Goldman, P. S., Bakermans-Kranenburg, M. J., Bradford, B., Christopoulos, A., Ken, P. L. A., Cuthbert, C., Duchinsky, R., Fox, N. A., Grigoras, S., Gunnar, M. R., Ibrahim, R. W., Johnson, D., Kusumaningrum, S., Agastya, N. L. P. M., Mwangangi, F. M., Nelson, C. A., Ott, E. M., Reijman, S., van IJzendoorn, M. H., Zeanah, C. H., Zhang, Y., Sonuga-Barke, E. J. S. 2020 Institutionalisation and deinstitutionalisation of children 2: policy and practice recommendations for global, national, and local actors. *The Lancet Child and Adolescent Health,* **4**(8), 606-633. https://doi.org/10.1016/S2352-4642(20)30060-2

UN General Assembly. *Resolution adopted by the General Assembly on 18 December 2019.* Rights of the Child.
https://undocs.org/en/A/RES/74/133 (accessed Oct 30, 2020).

van IJzendoorn, M. H., Bakermans-Kranenburg, M. J., Duschinsky, R., Fox, N. A., Goldman, P. S., Gunnar, M. R., Johnson, D. E., Nelson, C. A., Reijman, S., Skinner, G. C. M., Zeanah, C. H., Sonuga-Barke, E. J. S.. 2020. Institutionalisation and deinstitutionalisation of children 1: a systematic and integrative review of evidence regarding effects on development. *Lancet Psychiatry,* **7**(8), 703-720. https://doi.org/10.1016/S2215-0366(19)30399-2.

索　引

執筆者一覧 (執筆順)

安梅勅江	筑波大学	第1章〜第5章
澤田優子	森ノ宮医療大学	第6章
渡辺多恵子	淑徳大学	第6章
加藤光彦	飛島村	第6章
伊藤澄雄	飛島村	第6章
奥村理加	飛島村	第6章
杉澤悠圭	つくば国際大学	第7章
篠原亮次	山梨大学	第7章
渡邊久実	理化学研究所革新知能統合研究センター	第8章
酒寄　学	芳香会社会福祉研究所	第8章
宇留野光子	社会福祉法人芳香会	第8章
宇留野功一	社会福祉法人芳香会	第8章
荒川博美	国際医療福祉大学	第9章
田中笑子	武蔵野大学	第10章, コラム①, コラム②
冨崎悦子	慶應義塾大学	第10章, コラム①, コラム②
田中裕	大宝カナリヤ保育園	第10章
酒井初恵	小倉北ふれあい保育所	第10章
宮崎勝宣	社会福祉法人路交館	第10章
張　羽寧	英国サウサンプトン大学	コラム②

【編著者紹介】

安梅 勅江（あんめ・ときえ）
　東京大学医学系研究科修了　保健学博士
　現在　筑波大学医学医療系教授
　　　　国際保健福祉学会会長，日本保健福祉学会会長
〈主著〉
『エンパワメントのケア科学』　医歯薬出版　2004 年
『コミュニティ・エンパワメントの技法』（編著）　医歯薬出版　2005 年
『子育ち環境と子育て支援』　勁草書房　2004 年
『根拠に基づく子育ち・子育てエンパワメント』（編集）　日本小児医事出版　2009 年
『いのちの輝きに寄り添うエンパワメント科学』（編著）　北大路書房　2014 年
『子どもの未来をひらくエンパワメント科学』（編著）　日本評論社　2019 年
『Creating Empowerment in Community: Theory and Practice from an International
　Perspective』（編著）NOVA　2019 年　　　　　　　　　　　　　　　　　　等多数

エンパワメントの理論と技術に基づく
共創型アクションリサーチ
―持続可能な社会の実現に向けて―

2021 年 2 月 26 日　初版第 1 刷発行　　　定価はカバーに表示
2024 年 6 月 20 日　初版第 2 刷発行　　　してあります。

編著者　安　梅　勅　江
発行所　㈱北 大 路 書 房
　　　　〒603-8303 京都市北区紫野十二坊町 12-8
　　　　電　話　（075）431-0361㈹
　　　　FAX　（075）431-9393
　　　　振　替　01050-4-2083

印刷・製本　モリモト印刷㈱

ISBN978-4-7628-3147-8　Printed in Japan　ⓒ 2021
検印省略　落丁・乱丁本はお取り替えいたします。